神仏のなみだ

桜井識子

ハート出版

はじめに

この本を手に取っていただき、ありがとうございます。

私はこれまでに、拙《つたな》いながらも神仏のありがたさについて書いてきました。ご縁をいただく大切さや、ご加護をもらえるありがたさ、どこの神社仏閣にどんな神仏がいらっしゃるのか、どんなご利やくがあるのか、祈願を叶えてもらいやすくするにはどうすればいいのか、失礼のない参拝のコツなどもお伝えしてきました。

また、神仏は人間をとても慈しんでくれていることも書いてきました。皆様の参拝を神仏はとても歓迎しているのですよ、その愛情に気づきましょう、自分が愛されていることを知りましょう、そこが神仏とコンタクトをする能力を目覚めさせる第一歩なのですよ、ということもお伝えし続けてきました。

本書はそのような、これまでの方向性とはちょっと違ったテーマになっております。

東日本大震災の津波到達ラインに沿って、寺社が多くあることはご存知の方が多いと思います。神様の力が津波を止めたとしか考えられないという神社もあって、以前から取材をしたいと思っていました。今年の6月にやっと念願が叶って、被災地の神社を訪れることができました。

東日本大震災が起こったあの日、神様や仏様はどうされていたのか……。

亡くなられた方が多くいたのはどうしてなのか、助けることはできなかったのか……。

本書を読んでいただければ、その疑問が氷解することと思います。私も被災地をまわって初めて神々の真の尊さを知りました。神様がどれほど崇高であるか……それは人間の想像をはるかに超えたものでした。

お願い事を叶えたり、守ってくれたり、癒しをくれたり、そのような表面だけではない、奥深い部分には泣けてくるほどの切ない真実がありました。それを是非、皆様にも知っていただきたいと思います。


イエス・キリストについてもっと教えて下さい、というメッセージをずいぶん前からいただいております。しかしキリストと日本で交信することは難しく、ずっと先延ばしにしてきました。去年、アメリカに行った時に現地の教会に寄り、ついにキリストご本人とお話をすることができたので、その詳しい内容を書いています。

キリストとはどのような存在なのか、教会とはどういう場所なのか、キリストは人間のためにどんなお仕事をされているのかなど、踏み込んで聞いております。クリスチャンの方に是非、読んでいただきたい内容です。

閻魔《えんま》王庁ものがたりは主人公の目を通して死後の世界や閻魔王庁の様子を書きました。死後の世界のことですから、私が見てきたように書くのはどうかと思ったので、フィクションという形にしております。小説というほど立派なものではなく、読みやすいお話として書いています。

形式はフィクションですが、見えない世界の仕組み、死後の世界、仏の修行、地獄等、私が知っていることはすべてそのまま書きました。いろんなことを詰め込んでいますので、お話のどこかに、読者の方のどなたかの、何かの参考になる部分があるかもしれません。小さくても皆様のお役に立てるところがあればいいな、と思っています。

昔の人の信仰心を知っている小さな神仏も取材してきました。信仰についていろいろな面から、さまざまなお話を聞くことができ、私にとっても学びの多い旅となりました。

神様を信じる心は、奇跡をも起こすということを改めて教えてくれた、おきぬさんのエピソードもあります。

本書を読んでいただければ、神仏の深いところまで知ることとなり、神様仏様への感謝がより強く尊いものに変わられるのではないかと思います。信仰心ももっと厚くなるように思います。そしてそれは魂にとても良い効果をもたらします。

皆様の神仏に対する理解がより一層深まり、神様仏様がもっと好きになる……この本でそのお手伝いができますように、と心から願っております。

桜井識子

目次

第二章

東日本大震災津波到達ラインと神様

第三章　イエス・キリストの真実

第一章　昔の人の信仰心と小さな神仏

小さな神仏を探す

田舎や山の中を車で走っていると、小さなお社《やしろ》や祠《ほこら》が目に入ることがあります。

「え？　こんな山の中なのに？」

「どうしてここに？」

このような人里離れた場所になぜ祀《まつ》られているのだろう、と見かけるたびに不思議に思っていました。お社や祠は古いものが多く、しかし、すたれているようには見えません。今も信仰されている様子なのです。昔から細々とお参りされてきた神仏なのかな、と思いを巡らせていました。

車がある現代でも参拝するのがやや困難と言いますか、面倒くさいと思ってしまう山奥です。車で行くのですら、「ああ、遠い……」と感じる距離を、昔の人は歩いていたわけですから、頭が下がります。

しかも、行けば護摩焚きの恩恵がもらえるとか、ごりやくのあるお守りやおふだを買えるとか、祈祷をしてもらえるとか、そのようなものは一切ないのです。

小さなお社やお堂、祠ですから、本当に手を合わせに行く、ただそれだけです。さらに、

第一章
昔の人の信仰心と小さな神仏

願いが叶うという保証もありません。そこを考えると昔の人の信仰心って、なんだかすごい……という気持ちになりました。

興味を持ち始めてから気をつけて見ていると、田舎の町や村、野原のような場所、田んぼや畑の隅っこ、川べり、山のふもと、山の中などに、お堂や、お社、祠が意外と多くあることに気づきました。都会にはない小さな信仰です。

長い距離を物ともせず、せっせと通った昔の人のその心の中を知りたくて、小さな神様、仏様だけを巡る旅をしてみました。小さな神仏は信仰心の厚い昔の人を多く見てきていると思ったからです。

取材は今年の6月末に行きました。

場所をどこにするか、ずいぶんと悩みましたが、山間部をくねくねと走りまわり、適当なところに街があって泊まれる、ということで中国地方を西に行くことにしました。

ルートは大体このへんを走ろうと大まかに決めただけで、あとは現地を自由に走って小さな神仏を探す、という取材方法です。小さなお社や祠などは神様がいなかったり、小さな石仏も道が繋がっていないことが多いため、一か八かの賭けのような取材でした。

走る道によっては、お社や祠がまったくないこともありえますし、あったとしても神仏が入っていない可能性があります。神様仏様と全然会えなかった……となったらどうしよう、と不安な気持ちを持ちつつ、出発しました。

身分制度と信仰心

スタートは兵庫県佐用郡にある「上月《こうづき》城跡」です。お城が栄えていた当時、そばには必ず神社とお寺があったはずですから、城跡に行けば絶対にハズレはないだろうと考えました。一発目から、どれだけ走っても神仏が見つからない……という状況は避けたかったのです。最初にハズレを引いてしまうと、その後の気持ちに大きく影響しそうだったので、確実に神社がそばにある城跡を選びました。

お城の周辺にある神社ですから、小さな神仏ではないことが予想されましたが、大阪城とか姫路城のような大きなお城ではないので、そこそこちょうどいい神社に出合えるような気もしました。期待がふくらみます。きっと、昔の人の信仰をよく知った神仏がいるはずです。「上月歴史資料館」の駐車場に車を停めて降りると、周辺には誰もいなくて、一台の車も通っておらず、あたりはシーンとしていました。緑が豊かな場所です。資料館は休館になっていて、その横にあった「紙すき文化伝承館」もお休みでした。

城跡は向かい側の小高い山の上です。登ってみたい気持ちはありましたが、今回のテーマはお城ではないのであっさりパスしました。山の上に神社がありそうだな～、とは思ったのですが、登って1周するとなると、かなり時間を取られそうだったので、時間の節約という部分もありました。

そのまま道路を山の奥側へと歩いていきます。数メートル歩いて、紙すき文化伝承館を通り過ぎると、なんと！　伝承館の奥に鳥居がありました。

鳥居は比較的新しく、鳥居の奥には小さな祠があって、その祠も新しいものでしたが、祠が置かれている石組みが古かったです。台座部分だけでなく、昔は石で階段なども作られていたようで、その痕跡がありました。江戸時代くらいかなぁ、というのは私の推測で、由緒は不明です。

手を合わせて祝詞を唱えてみると、出てきたのは、月代《さかやき》を剃ったお侍さんでした。半裃を着ていますから、江戸時代の武士だと思います。

ご挨拶をし、取材の意図をお話して、いきなりですが、信仰心について質問をしました。昔はここも多くの人に信仰されていたそうです。

「昔（江戸時代あたりを想定しました）の人と現代人の心の違いはどこにあるのでしょうか？」

お侍神様の答えはこうでした。

昔は明確な身分制度があったので、町人や農民の人々は、自分たちが下であることを生まれながらにして受け入れていました。あきらめとは少し違う、「身分に不満を持ってもしょうがない」と、その部分だけ悟りを開いていたのです。自分たちに〝上〟がいるのは当たり前という感覚があって、それは、国民みんなが平等である現代人にはないものです。そこが違う、と言っていました。〝受け入れる〟という部分での土台が違うのだそうです。

当時は神様の声が聞こえる、姿が見えるという人もちらほらいたそうで、

「その人たちは、周囲の人々に信じてもらえていたのですか？」と、思わず質問をしました。自分の経験から考えると、変人扱いされて村八分になったのでは……と思ったからです。

「お前は信じてもらえていないのか？」

「私が神様のお話を書いて、道ゆく人をランダムに100人選んで読んでもらったとしたら……信じてくれるのは、良くて1人ってところでしょうか。いや、1人もいるかなぁ……いないかもしれません」

神様は、「ほぅ」と、言い、「人にもよるし、地域の差もあるとは思うが……」と前置きをして、「昔だったら60〜70人が信じるだろう」と答えてくれました。

ええーっ！　そ、そんなにぃーっ！　それって私の1人からすると、ほぼ全員じゃないですか、と思いました。そうか、そんなに違うのかと、驚きです。現代とはやっぱり意識の何かが違うように思いました。

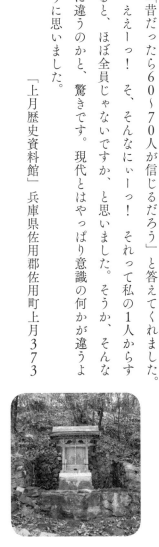

「上月歴史資料館」兵庫県佐用郡佐用町上月373

心の素直な領域と信仰心

上月城跡の神様にお礼を言って、次の神様を探しました。多くの神仏に会って、バラエティに富んだお話をたくさん聞きたかったので、今回の取材では長居をしませんでした。片っ端から神仏を探してまわる旅にしたのです。

車で走っていると、交差点の一角に神社がありました。小さくはありませんが、古そうです。参道入口には「龍山神社《りゅうざん》」と書かれていました。

石段が上へと続いています。ちょっと上れば社殿があるのだろうと思ったら……なんのなんの、「あの～、まだでしょうか?・」というくらい上ります。

下のほうはブロックで作られた石段なので、新しい神社っぽい雰囲気ですが、上に行くにつれて古い石で組まれた石段になっていました。ここも江戸時代にできたような感じです。もしかしたら、もっと古いかもしれません。

境内には小ぶりながらも拝殿があって、奉納された絵が何枚か掲げられていました。明治時代に奉納されているのですが、色がまだしっかり残っていて、見応えがあります。本殿を囲む玉垣には文政7年と刻まれていて、どうやら江戸時代に建てられたようです。本殿右奥にはお稲荷さんのお社もありました。

ご挨拶をし、取材の意図をお話して、昔の人の信仰心について聞きました。

ここの神様が言うには、信仰心を持つためには〝素直な心の部分〟が必要なのだそうです。

昔の人は〝宗教〟だのなんだのと難しいことは考えずに、「天」や「おてんとうさま」に

手を合わせていました。それは教義として難しく教わったものではなく、親や祖父母の姿を見て自然と備わったものです。

そのような教義として知る信仰ではない、純粋に天や、おてんとうさま、ご先祖様などを信じる心を持つのは、心の中に素直な領域がないと成り立たないそうです。

清らかな信仰心はその部分に発生するから、と言っていました。

たとえば、気分次第で人を罵《ののし》ったり、殴ったり、腕力にものを言わせてお金を奪ったり、そんな自分勝手に生きている荒くれ者がいたとします。その人が「おてんとうさま、今日も1日ありがとうございました」と、謙虚な心を持てるのか？　ということらしいです。信仰心は素直な心の領域にしか種を植えられない、ということだと思います。

昔は身分制度があったため、農民も町人も殿様になろうなどと考える者はいなくて、また、なろうと思ってもなれませんでした。そこには「あきらめ」とはちょっと違う、現実を「受け入れる」と言うか、「認める」というか、そのような寛容な部分がありました。

食べ物は天候に左右され、まともに食事をとれない日も少なくありませんでしたし、豊作だとたくさん食べられたわけです。それは「天」という見えないものに生かされている、身を委ねていることを実感する日々です。

字を読めない人も多く、読めたとしても学問をまともにしている人は少なかったわけですから、自分は賢くない、と本気で思い、そこには謙虚な気持ちもありました。

現代はみんなが平等です。身分の上下はありませんし、誰もが自由に意見を発言できます。批判することも自由です。ネットがあるので、調べればなんでもわかります。誰もが自由で平等、便利な世の中になって暮らしやすくなりましたが、国民全体の心のあり方が少し昔とは違っているようです。

これは現代人に素直な心の領域がないというわけではありません。昔の人は持っている人が多かった、現代より多かったという比較のお話です。

ご先祖様を大事に思う気持ちがある、〝神様仏様〟の存在を信じていて、神仏を敬う心も

第一章
昔の人の信仰心と小さな神仏

ある、神社が好き、お寺が好き、自分は信仰心が厚いなぁ、と思われる方は、素直な心の領域が大きな人だと思って間違いないです。

ピュアな信仰心を持てるかどうかは、環境もあるそうです。

私は見えない世界に関してはとても慎重で、疑い深いです。なんでもかんでも信じたりしません。たとえ神仏の言葉でも疑うことがあります。ですから、私が祖父母の孫として生まれていなかったら、神仏を信じる心は持っていなかったかもしれません。

「じいちゃんについて、あちこちの神様や仏様に行っていたから、種をもらえたんだなぁ」

と、しみじみと祖父に感謝をしていると、神様が、

「子どもは魂で修行している」

と、言っていました。ですから、神社仏閣は行くだけでいいそうです。ここに神様がいるよ、ご挨拶しなさい、パンパンってしなさい、といちいち言わなくていいそうです。

「お前も言われていないだろう?」

たしかに祖父はそんなことを言ったことは、1回もありません。どこへ行っても、自分がさっと手を合わせ、祝詞を唱えたり、お経をあげたりして拝み、最後に礼をしていました。見ていた私はマネをしていただけです。マネをしない時もあったと思います。

神社仏閣は、行くだけでも小さな修行になります。大人は行って、手を合わせてお話をし、〝参拝〟という形をとりますが、神様が言うには、子どもは本人が参拝とわかっていなくても魂がそこでちょっと修行をしているらしいです。ですから、つれて行くだけでいいのだそうです。

私のようにたくさん連れて行ってもらえた子どもは、それだけ幼い頃に修行をしていたわけで、大人になって始める人よりちょっぴり多めに経験があるのでした。

ここの神様との会話のおかげで改めて祖父母や親の信仰心に感謝をすることができました。

「龍山神社」兵庫県佐用郡佐用町佐用３５００

禍々しいものと信仰心

上月城跡に祠があったので、お城は確率が高いと思った私は、「利神《りかん》城跡」に向かいました。

平福という町に入ると、「宮本武蔵の初決闘の場」があり、道の駅には観光用の可愛いイラストマップが置かれていました。

そのマップには7つの神社が載っています。その中で、ああ、ここだな、と思ったのが「素盞嗚《すさのお》神社」でした。

マップの雰囲気から小さなお社のみの神社かと思ったら、拝殿、本殿、境内社まである神社でした。写真を撮りながら本殿の裏へまわると、そこは山肌になっています。はるか上方のあたりが、波動が高いというか、神々しい感じがします。

はて？　と思い、じぃ〜っと凝視していたら、神様が、

「昔はそこを登ったところにいた」

と、驚くようなことを言いました。つまり、山を登ったところに、昔はお社か、お堂があったというわけです。

「本当ですか？」

「行ってみなさい」

こういうことは確認して納得したいので、登ってみました。

……が、しかし、ですね、道も何もない山なのです。考えもなしにうっかり入ってしまうと、確実に迷います。目印となる木を覚えながら上へ上へと歩きました。道がありませんか

ら、木々をかき分けて進みます。蜘蛛の巣が虫と一緒にベッタリ顔に張りついたり、積もった枯葉でズルッと滑ったりしながら、登って行くと、明らかに細工をした大きな石がいくつかありました。

さらに上に行くと、石を組んだ跡もあります。石垣の基礎のようなものです。ここには本当にお社かお堂があったのだな、とわかりました。陽光がピンポイントで当たるような、そんな特別な場所でした。

なるほど〜、神様が言ったことは本当だったんだ〜、と確認したのはいいのですが、そこから下るのが、また大変で……。

足元が滑るので、おっとっとー！　とバランスを取りながら、さらに蜘蛛の巣と格闘もしながら歩きました。どっちへ行けばいいのか、方向がわからなくなったりもして、「遭難するとはこういう感じなのか〜」と学びました。

ふたたび境内に戻って、昔の人の信仰心について聞きます。この神様のお話は、角度を変えての説明となっていました。

日本の昔の人々は、禍々《まがまが》しいものを殺すとか消滅させたりするのではなく、祀っていました。悪鬼でも、怨霊でも、祀ることによって封じ込めていたのです。

最初は、祀って封じ込めるだけが目的でした。しかし、心優しい人や信仰心の厚い人、慈悲深い人が祀られたものに、心安らかでありますようにと手を合わせます。そのうち、感謝をしたり、お願いをしたりと、神様と同じように参拝をするようになります。参拝が続くと、信仰心が持つパワーのおかげで、禍々しいものは浄化されていきます。

こうして禍々しいものは、長い年月が過ぎると浄化によって、悪いことをする気持ちが失せ、「ちょっと人間の願いを叶えてやろうかな」と良いほうへ傾きます。怨霊だったために祀られたものも、信仰されて浄化されると、神様修行を頑張って良い神様になったりするわけです。

日本人は禍々しいものが祀られたものでも、素直に信仰ができる民族である、と言っていました。遠い過去にルーツがあるとのことでしたから、アトランティスとかムーとか、よくわかりませんが、そのあたりにルーツがあるのかもしれません。

面白い話だな～、と思いました。

「素盞嗚神社」兵庫県佐用郡佐用町平福170

お稲荷さんの眷属が希望すること

ぐるぐると山の中を走りまわって町に出ると、津山に向かう途中に「郷社《ごうしゃ》八幡神社」がありました。道路から見た感じではそんなに大きくはなく、かといって小さな神様でもなさそうでした。地域に密着した神社のようだったので、昔のお話を聞こうと思って参拝してみました。

参道を進んで石段を上がると、思ったより広い境内で拝殿もあります。拝殿から続く本殿も立派で、この神社に対する人々の信仰の厚さがわかります。本殿の横から裏手には、摂末社がありました。どのお社にも手書きで説明が書かれた案内が立てられています。

境内社は、なんの神様なのかさっぱりわからない、だからどうお話していいかわからない、何をお願いしていいのか判断に困る、というのが普通だと思います。ここの神社のように説明があるとわかりやすく親近感も湧きます。

神社の由緒を読むと、神様は西暦860年に宇佐神宮から「美作《みまさか》国勝田郡久魯佐佳の水清川のある清野の山」に勧請され、明治15年に現在地に遷宮された、となっています。境内にある石碑にそう書かれていました。

でも、祝詞で出て来られたのは、平安時代後期〜鎌倉時代の武将です。両脇に随身2名を従えています。神門の左右に随身像が置いてあるのはよく見ますが、神様のそばにいるのを見たのは……初めてかもしれません。記憶にないです。

珍しいなぁ、とよく見ると、向かって左にいる方のほうが大きく濃く、右側にいるお方は小さくて薄いです。左におられるのは境内社のどれかの神様で、右におられるのは眷属です。

そこまで見て、本殿の裏側へ行って写真を撮っていると、お稲荷さんのお社が目にとまりました。一般的なお社とは違った、箱のような形状のものです。

「おい、扉を開けろ」

いきなり眷属が私に向かって言いました。開けてくれ、とお稲荷さんもおっしゃったので、扉を開けて差し上げました。扉の中は、ごく一般のお社とは形が違う木でできた簡素な祠があって、そこに依《よ》り代《しろ》となる小さな御幣がありました。眷属が宿った2つのキツネ像もありました。

締め切ったままだと空気が澱むので、息苦しかったのかもしれません。肉体を持っていなければ開けられないというのも、なんだかお気の毒だな、と思いました。あと2~3分開けておけば十分だろうと考えていたら、眷属が言いました。

「このままでよい」

「えっ!」

そんなことができるはずがありません。扉は閉められていたのです。それを許可なく、よそから来た私が勝手に開けているのです。

「閉まっていたのですから、もと通り、閉めて帰りますよ?」

「閉めなくてよい!」

きゃ~、なんて威圧的な眷属なのかしら、と思いつつ私も譲らず、やんわりとお断りしました。

「このまま開けっ放しで去ることはできないです。常識を疑われます」

「よいと言っているだろう」

「ええ、私はわかるんです。でも他の人にお稲荷さんの眷属がこのままでいいと言ったんです、だから扉は開放したままにしていますって、それは言い訳にならないんですよ～、実社会では……。というか、そんな言い訳を堂々とする勇気、ありませんし……」

かたくなに拒否をしていると、いきなり大量の蚊が私のまわりに集まってきました。体のあちこちに止まります。

「ひゃ～！　すんごい蚊の大群！」

「刺されるぞ。早く行け」

どうやら、その場から私を遠ざけるために、眷属が蚊を集めたようでした。うぎゃ～、かゆ～い！　と腕を見たら2ヶ所刺されていました。

「…………」

ンモー、なんて強引な……と思いましたが、普通だったら眷属はこんな、なんと言いますか、一見意地悪に思えるようなことはしません（神様だったら絶対にしません）。通常なら使わない手段を使ってでも、開けたままにしておいてほしいということは、かなり切実な問題だと思われます。これは眷属のわがままなどではなく、神様を思ってのことです。ですから、私に対する悪気も一切ありません。

「眷属さん、境内をゆっくりと1周してきます。短い時間で申し訳ないのですが、その間だけでも、息抜きをされて下さい。戻ってきたら、扉は閉めさせてもらいます。すみません」

そう言うと、あれだけ大量にいた蚊がスーッとすべていなくなりました。

それからなるべく時間をかけてゆっくり歩き、あちこちを見ました。戦没者名碑は、一人一人の名前まで読みました。ふたたびお稲荷さんのお社の前に行くと、なんとも言えない物悲しい気持ちが伝わってきました。私も切ない気持ちになります。

「お気持ちはわかります。わかるのですが、私は人間なので、人間界のルールに従わなければなりません……」

「このままでよいのに……」

「神社の関係者の方が閉めているのですから、勝手に開けて、開け放したまま去ることはできないのです。もしも、雨でも降って予期しない状態になっても困りますし……」

「仕方がない……お前が悪いわけではない」

最後はしょんぼりと納得してくれました。

一般的な形のお社だったら、扉が閉まっていても「開けてくれ」と言われることはありません。ここのお稲荷さんは変わった形状の、箱のようなものに入っていましたし、さらにその中も珍しい形の木の祠（？）になっていましたから、それで普通のお社とは空間が違っていたのだと思います。

話がそれてしまいますが、家の神棚に乗せているお社は、〃必ず〃扉を開けておきます。ガバッと全開にするのではなく、2～3センチ開けておけば十分です。というか、それくらいの隙間にしたほうがいいです。

扉は、開け閉めするものではなく、24時間、365日開放したままにしておきます。閉めてしまうと神様を閉じ込めることになり、大変失礼になってしまいますし、扉を閉めきった神棚にしてしまうと、力が弱い神様になってしまいます。何かで開けた時に、

神様が帰ってしまう可能性もありますので、ご注意下さい。

さきほどの神社に話を戻して……神様とも、親孝行についての話を少し交わしたのですが、なにせお稲荷さんの眷属の存在が大きくて、そちらの会話は中途半端に終わりました。

お近くにお住まいの方は、たまにで大丈夫なので、参拝した時にお稲荷さんの扉を開けて差し上げるといいです。3分でも5分でも風を通してあげると、とっても喜んで下さいます。

「郷社八幡神社」岡山県勝田郡勝央町黒坂2―1

小さな祠の神様や石仏、石碑

ここで、本当に小さな神仏についてちょっと書きます。

名もないコンパクトな祠、道端の石仏、石碑、など、「本当に神様がいるの?」「この仏様って道が繋がっているの?」という神仏です。

民家がないような場所に小さな祠がポツンとあるのを見つけて、寄ってみました。いくら山の中でも集落が近くにあれば、まだ話はわかるのですが、「なぜ、この場所に？」と思ってしまうところです。

この祠には神様がいなかったので、ちょっと失礼して祠の扉を開けさせてもらいました。

中には生き生きとした榊《さかき》がお供えしてあり、食べ物をお供えするための三方《さんぼう》も新しいものが置かれていました。定期的に誰かがお世話をしている祠なのです。

榊の向こうには紫の布がカーテンのように下がっていました。こちらも失礼のないよう開けさせていただくと、布の向こうには真新しい木のおふだが安置されていました。

祠はおふだの神社の窓口となっていて、集落の神棚、という感じでした。ちゃんとパイプが繋がっていました。祠の横には「不動明王」と書かれた石碑もありましたが、こちらはお不動さんと道は繋がっていませんでした。

山間部では、屋根と床と柱、腰までの板壁という簡素な小屋を時々見かけました。神様をお祀りしているところもあれば、仏様を安置しているところもありました。珍しかったのは、小屋はバス停になっているのに、石仏が何体も安置されているというパターンです。仏様を雨ざらしにしない思いやり、バスを待つ間に手を合わせるという素朴な信仰が感じられました。このような田舎の風景は原風景に近いものがあって、懐かしい心地良さがありました。心が安らかになります。

別の山間部では、小屋が少し高い位置に建てられていたので、車を降りて登ってみました。そこには、姿を石に浮き彫りにされた薬師如来像がありました。そんなに大きくありません。小さな石像だったのですが、道は繋がっていました。

山の中にひっそりとある小屋ですから、お坊さんの日々の勤行もなく、参拝する人も少ないと思われる石仏です。道が繋がっていること自体が驚きでした。見ると「×永」と彫られていて、「嘉

永」かなぁ、と思いました。約160年前です。でもお姿がかなり摩耗していたので、「安永（約240年前）」「宝永（約310年前）」の可能性もあります。「寛永」だったら約390年も前です。

集落で大切に守ってきた仏様なのだな、と思うと、道が繋がっているのは当然のように思えました。お坊さんが勤行している仏像のように、くっきりしっかり道が繋がっているのではなく、細々としたかすかな道ですが、それでもすごいです。

「人々の信心する心が、道を繋げているということでしょうか？」

と、お聞きすると、

「そういうことだ」

とのお答えでした。改めて、信仰心が持つパワーのすごさを感じました。

山の奥深い場所に石祠が2基、岩の上に建てられているところもありました。残念ながらこの祠に神様は入っていませんでした。このように入っていない祠やお社も数多くありました。打ち捨てられて、見るのもつらいという状態の荒れ果てたものもありました。でも、だからと言って、そこに悪いものが入っているということはなかったです（私が見た範囲では、ですが)。

お地蔵さんだけは事情がちょっと特殊で、お地蔵さんの石像、姿が描かれた石碑は、純粋に仏様として信仰されていたものは少なかったです。亡くなった人を供養するために建てられた供養碑だったり、お墓だったりしました。観音様や薬師如来様と同じような仏様だと思って近づき、「あれ? 仏様じゃないんだ……」と、気づくことがほとんどでした。

町の道路脇に立っているものはほぼすべてが供養のためであり、山間部の道の脇、山の中などにあるものはお墓が多かったです。俗名が彫られているものは1~2割程度しかないため、パッと見ただけではお墓なのか仏様なのかわからないと思います。

他人のお墓に手を合わせても障《さわ》りがあるわけではないので、問題はないのですが、仏様と勘違いしてしまうのは嫌だ、という方は、お寺のお堂以外の場所にある1体だけのお地蔵さんには手を合わせないほうが無難です。

昔の人の願掛けで多かった治癒祈願

ふんふんと鼻歌を歌いながら道路を走っていると、右側に石灯籠が2基と「八幡神社」と書かれた石柱が立っているのを見つけました。空き地のような駐車場スペースがあって、その駐車場と工場？　のような大きな建物との間に細い道があるのです。参道とおぼしき道は奥へと続いています。行ってみました。

道路から見た時はきっと小さな神社なのだろう、と思ったのですが、石段を登っていくと、「享保」と彫られた大きな鳥居がありました。約300年前の鳥居です。石が古くて歴史があります。

うわ〜！　何気にすごい神社なんだ！　とビックリです。というのは、この神社は地図に名前が載っていないからです。

鳥居をくぐってさらに参道を進むと、これまた歴史のある立派な神門がありました。境内に入ると「安永」とか「天保」と彫られた石灯籠があります。拝殿はこじんまりとして良い雰囲気です。

拝殿にはたくさんの絵が奉納されていて、どれもとても古いけれど色がまだ鮮やかに残っていて美しかったです。たくさんあるので一つ一つ見ていると楽しくて時間がたつのを忘れます。狛犬も江戸時代のものらしく、威厳があるように作られた今風ではないので、可愛らしい感じがしました。境内社もあって意外とにぎやかな神社です。

この神社で最初に見えたのが、巫女《みこ》姿の女性です。さらに不思議なのが、その夫と子ども2人も一緒にいるのです。境内の空間の隅っこに……。神様に尋ねると、宇佐神宮へ修行に行かせる前で、夫と子どもたちを神様の波動になじませている状態だと言います。

初めてのパターンで、事情がよくわかりません。詳しくお聞きすると、巫女さんの女性は霊格が高く、神様の修行にすぐにでも行けるらしいです。しかし、どうしても夫と子どもも一緒に4人で行きたい、と言ってきかないのだそうです。同行させて下さいと、神様に懇願しているらしいです。しかし、肝心の夫のほうは修行をする気がありません。子どもたちは行ってもいいと言っているそうですが。

4人は一緒に亡くなったらしく、それで巫女さんの女性は夫と子どもを連れて来ることができたみたいでした。別々に死んでいれば、夫や子どもはここに来ることができません。ほぼ同時に亡くなるのは、火事？　洪水？　でしょうか。同じものを食べても食中毒は時間差がありそうですし、誰かに殺される……一家惨殺という可能性もあるかな、と思いました。

夫がやる気になるまで、神社の「気」になじませつつ待っている、という状態らしいです。こんな珍しいケースがあるんだなぁ、と思いました。小さな神社は大きな神社と違って融通がきくからか、いろいろとあるみたいです。それにしても……ふところの深い神様です。

話題を変えて、昔の人のことを聞きました。

「昔の人の一番多かった願い事は、やっぱり豊作だったのでしょうか？」

「いや、治癒祈願が一番多かった」

へぇ～！　そうなんだ！　と意外に思いました。

昔なのに、そんなに病気にかかる人が多かったのかな？　と、ガンを思い浮かべ、昔の人のガン罹患率は低かったように思うんだけど……と考えていたら……。

「ケガの治癒もあるぞ」

と、言われました。昔はケガをするとなかなか治らなかったそうです。

ああ、そうか、消毒薬も傷薬もないし、今より不潔だったから、簡単に化膿していたのかもしれない、と思いました。傷がじゅくじゅくと膿んだりしそうな気がします。そのような

状態にならないように神様にお願いをしたそうです。

イボやオデキができても、「治して下さい」と神様にすがっていた、とのことです。

驚いたのは、歯痛も神様に「なんとかして下さい」「治して下さい」とお願いをしに行っていたそうです。現代のように歯科医院があちこちにあるわけではありませんから、すがるのは神様しかいないというわけです。なるほど、だったら治癒関係が一番多かっただろうな、と思いました。

昔はこのように、ピンポイントでの祈願をしていました。

「痛む歯を治して下さい」「指を切ってしまいました、このケガを治して下さい」「下痢が続くので治して下さい」と、どこか一ヶ所体に不調があって、そこを完治させて下さいという具体的なお願いです。

現代のように「健康〃運〃を上げて下さい」「金〃運〃を上げて下さい」「恋愛〃運〃を上げて下さい」とそのカテゴリー全部をまとめて、なんとかしてほしいとお願いする人はいなかったそうです。健康＋運、恋愛＋運という、カテゴリーに運をプラスした考えはなかったのですね。

これでいくと、オデキも治して、ガンにも罹らないように、老眼の進行も遅くして、虫歯もちょっと治してもらって、あれもこれも……全部治して健康にして下さい、どうにかして下さい、ということになります。

見方を変えると、ものすご――く欲張りな願掛けなわけです。

昔の人に比べたら、強欲という感じすらします。

昔の人は小さなお願いをチマチマとしていたので、神社仏閣にもチマチマと出かけていて、それが信仰心をより大きくしていたのかもしれません。

「八幡神社」岡山県真庭市山田1828―1

勧請のお話と権兵衛さん

山間部にある天満宮です。まわりは山だらけ、という標高の高いところにあって、神社はさらに小高い丘の上にあります。印象は「えらい山の中やなぁ」でした。

道路から古〜〜い石段を上がるのですが、この石段の幅が狭いのなんのって、ビビリます（昔の人の背丈に合わせているのだと思います）。傾斜も急なので、せまー！　落ちそー！とギャーギャー言いながら上りました。大騒ぎをして上ったのですが、下るほうが数倍怖いと、帰りに気づきました……。下るのは本気で怖かったです。

境内は雑草があちこちに元気に茂っていて、草ボーボーというほどではありませんが、境内というにはちょっと……みたいな感じでした。でも、とっても「気」が明るい神社です。

石灯籠などには「天明(約230年前)」「寛政」と彫られていましたから、その頃に創建されたのだと思います。

簡素でコンパクトな拝殿があって、奥に本殿、横に境内社が2社ありました。

「神様は入っておられないかも……」と思ったら、ちゃんと鎮座されていました。平安時代あたりの人でしょうか。室町時代よりもっとあとの時代です。文官の服を着ています。

「大宰府から来られたのですか?」

当時の人は、こんな山の奥から太宰府まで、遠路はるばる勧請に行ったのかな? と思いつつ聞くと、神様が「勧請の勧請の勧請」だと言います。

へぇぇぇーっ！　そんなに勧請を重ねてもいいんだ〜、とこれまた初めて知りました。この部分の詳しい説明をお願いしました。

まず本家の太宰府天満宮があります。そこから直接勧請してA神社ができます。

次に、太宰府まで遠くて行けない、という村が、A神社から勧請をしてB神社を創建します。

さらに太宰府から遠い地域にある村が、「うちはA神社も遠いわ〜。行かれへんわ、あんなとこまで」ということで、B神社から勧請をしてC神社を作る、というわけです。

経緯から考えると、C神社の由緒は「B神社より勧請した神様」というのが正しいのですが、「太宰府天満宮より勧請した」と書かれます。なぜなら「分霊」という考え方をしているからです。

神様を「大きなお煎餅」に、たとえて説明するとわかりやすいので、1枚のでっかいお煎餅があるとイメージして下さい。

太宰府天満宮から分霊されてきたA神社の神様は、太宰府天満宮の神様という大きなお煎餅をパキッと割ったかけら、となっています。このかけらを、A神社に持ってきて祀ります。

さらにA神社のお煎餅をパキッと割って、B神社に渡します。ですから、B神社の神様も、紛れもなく太宰府天満宮のお煎餅のかけらです。これを割ってC神社に渡しますから、C神社も太宰府天満宮のお煎餅のかけら、というわけなのです。考え方としては、ですが。

ということで、由緒は堂々と「太宰府天満宮から勧請」と書いていたそうです。

しかし……実際には、神様はお煎餅ではありませんから、パキッと割ったりできません。勧請の仕組みは、勧請をしたA神社には、もとの神社である太宰府天満宮から〝誰かが〟行きます。菅原道真公神様の代理としてです。太宰府天満宮で修行をしてすでに神様になっている存在か、力が強い眷属か、神様修行中の存在か……。〝正しく勧請をすれば〟そのうちのどなたかが必ず行く、と、そのような仕組みになっています。

ここの神社は、今のたとえで言うとB神社から勧請されたC神社にあたるので、

「ということは、神様はB神社から来られたのですね？」

と、確認をしたところ、

「ちがう」

と、あっさり言われました。

直接勧請をした場合は、さきほど述べた仕組みになっているのですが、勧請を繰り返した場合は複雑です。神様の説明は、こうでした。

第一章
昔の人の信仰心と小さな神仏

C神社がB神社に勧請をしに行きます。B神社に眷属や、修行中の存在が多くいれば、B神社の誰かがC神社に行きます。しかし実際は、B神社にいる神様は1柱だけだったそうです。眷属もまだいなくて、修行中の存在もいなかった、と言っていました。そうなるとB神社からC神社へ神様を派遣することができません。B神社の神様は、A神社の神様のところへ話をしに行ったそうです。B神社の神様はA神社から派遣されていますからA神社が本家というわけです。そこで、どこそこの村から勧請に来た、と相談し、それを聞いたA神社の神様は、自分がもといた太宰府天満宮に戻って話をします。どこそこの村が天満宮を創建することになった、ついては誰かそこへ行ってもらえぬか、と。

それを聞いた菅原道真公神様は、誰を行かせるか、を考えて最適な神様を派遣する、というわけです。ですから、ここの神様は太宰府天満宮から来られています。

勧請を繰り返した時のシステムって、複雑なんだな～、と、とても良い勉強になりました。

境内社は2つあり、表現が悪いかもしれませんが、ほったて小屋のような建物になっていました。右側が非常に気になったので、そばまで見に行くと、そこはお稲荷さんのお社でした。空っぽではなく、しっかりお稲荷さんが入っていました。とりあえず、ご挨拶をさせてもらいました。

右はお社だとわかるのですが、左はすりガラスが正面にはめられていて、もしかしたらお社ではなく、倉庫か何かだったのかもしれません。

神様に、昔の信者の中で印象深い人がいなかったかを聞いてみました。すると、神様はお稲荷さんと、「権兵衛が……」「権兵衛だろう」という話をしています。

「あの〜、権兵衛さんって、どんなお方だったのですか？　信心深い人ですか？」

権兵衛さんはお百姓さんで、とても貧しかったそうです。粗末な服を着て、満足なものを食べられない生活をしていました。しかし、心根が良く、愚痴も言わずに一生懸命働いていたそうです。そんな貧乏な権兵衛さんですが、たま〜にご馳走にありつけることがあったと言います。大好きなぼたもちを食べられる日があったりしたそうですが、なんと権兵衛さんは、必ず神様に持って行っていたらしいです。

神様にお供えしていると……またはその行き帰りの道などで、ぼたもちに気づいた子どもたちが寄ってきて欲しがります。権兵衛さんは、神様があげなさいと言っているのだろう、と自分は食べずに我慢をして、分け与えていたのだそうです。

権兵衛さんが何かを持参して神社に行く場合それはご馳走である、と知られてからは、お供えを持って行くと子どもたちが群がり自分の口に入らなくなったそうです。それでも何か美味しいものが手に入ると、権兵衛さんは神様に食べてほしくて持って行ったそうです。

「すごい信仰心ですね」

神様が言うには、「もてなし」の気持ちが強かったとのことでした。神様ははるか遠くの太宰府天満宮から、はるばる来られているわけです（分霊の考え方と、事実がたまたま合致していますので、実際に太宰府から来られた神様で合っています）。

「こんな遠いところへ、よくおいで下さいました、ありがたいありがたい」という感謝の気持ちに加えて、太宰府を離れて寂しくはありませんか？　といたわる気持ちもあったそうです。それで、ご馳走をしてもてなしたい、少しでも喜んでもらいたいと思っていたらしいです。人間のお客様でも遠路はるばる訪ねて来られたら、おもてなしをしたいわけで、その気持ちと同じだと思います。

願掛けを叶えてほしいからお供えをしていたのではなく、美味しいものを食べて喜んでもらいたいという、純粋に神様を大事に思う心を持った人だったそうです。

「権兵衛さん、心がキレイですね」

その権兵衛さんは、いまは神様になっているということです。

「下に小さな祠があって、そこにいる」と言っていたので、ふもとの村あたりに祀られているのだろうと思います。この神社で修行をして、勧請されて行ったのかもしれません。

「天満神社」岡山県高梁市川上町下大竹781

きぬさんの100日参り

岡山から西へ、山間部を走っている途中に「久井稲生《くいいなり》神社」があります。

都会ではないので、小さなお稲荷さんかな～、お稲荷さんに話を聞くのもいいな、と、その程度の軽～～～い気持ちで寄りました。久井稲生のお稲荷さんには申し訳ないのですが、まったく期待せずに行ったのです。

結論から言うと、「びっくりしたぁーーー！」です。こんなにすごいお稲荷さんがいたとは！ひ～え～！と一人で大騒ぎしました。いやぁ、神仏は本当に行ってみなければわかりません。

このお稲荷さんは大きな〝神様〟になっておられます。ですから、もうキツネ姿ではありません。伏見のお稲荷さんに近い、高い神格なのです。

眷属もたくさんいます。私が石段の参道を上っていると、両脇にずら～～～っと並んで、お出迎えをしてくれました。神格が高い眷属は石段の上で整列してお出迎えです。

なぜ、このように歓迎されているのかと言うと、伏見稲荷大社でお稲荷さんだけの会議が行われる時に、源九郎《げんくろう》お稲荷さんや、於菊《おきく》さんのところのお稲荷さんが、私の話をしているのだそうです。（源九郎お稲荷さんのお話は『神社仏閣パワースポットで神さまとコンタクトしてきました』に、於菊稲荷神社のお話は『神さまと繋がる神社仏閣めぐり』に書いています）それで、稲荷神界では「桜井識子」が知られているそうで、ありがたいことだと思いました。

　この神社も歴史があります。参道の石段からして相当古いです。参道の入口には「宝暦」と刻まれていて、鳥居も当時のもの？　と思える古さで驚きました。

　石段の玉垣に刻まれている「金百円」は、まだわかるとしても、「金三拾円」というものもあって、時代を物語っています。若干、歪《ゆが》んだ石段ですが、なんとも言えない懐かしさがあるといいますか、風情があってサクサク上るのがもったいないという気持ちになりました。

　境内は広々としていて、爽やかな良い「気」が流れています。石灯籠には「宝暦」より古い「寛保（約２７０年前）」が刻まれていました。江戸時代の狛狐もそのまま安置されていて、ここでも歴史を感じさせます。

拝殿と本殿はそんなに大きくありませんし、派手でもないです。落ち着いた感じです。拝殿と本殿を結ぶ建物の下は通り抜けられるようになっていて、その通路に小さなお賽銭箱が設置されていました。そこで手を合わせると、本殿の前にいる狛狐を見ることができます。しっかり入っておられるので、ご挨拶をされるといいです。喜ばれます。

「お稲荷さんって、願いを叶えてくれやすいから多くの人が祀ったのでしょうか」と、聞いてみました。昔は、商売繁盛にごりやくがあるから、豊作にごりやくがあるから、という理由で祀っていたのではなく、お稲荷さんは願いを叶えてくれやすい神様だったから、それで多く祀られた……と、別の神様に聞いたことがあるのです。

久井のお稲荷さんによると、

「それもあるが、人々にとって〝一番身近な神〟それが稲荷だった」そうです。伊勢神宮の神様とか、熊野本宮大社の神様などは、恐れ多くて〝気軽に〟頼み事ができなかった、と言うのです。でもお稲荷さんは、気安くお願いができる庶民的な神様で、願いもよく叶えてくれる……ということで祀る人が増えていったらしいです。

実際の話、お願いしたことは叶いやすいし、自分についてくれたら、もしくは家に来てもらえたら、一生守ってもらえます。こんな面倒見のいい神様はいません。昔の人が考えたことは正解なのです。なるほど〜、と思いながら聞きました。

次に、この神社に通った昔の人で、信仰心が厚かった人のお話を聞かせて下さい、とお願いをしてみました。聞かせてもらったお話は、大変興味深いものでした。

きぬ、という名前の若い女性がいました。

きぬは赤子を抱いて久井のお稲荷さんに、時々お参りに来ていました。というのは、きぬの可愛い赤子の目が、どうやら見えていないようだ、と気づいたからです。何を見せても目で追わない我が子に愕然としたきぬは、神様にすがるしかない、と思いました。そこで、願いがよく叶う、力が強いと評判の久井のお稲荷さんに参拝していたのです。

きぬは心の底から神仏を信じている、信心深い女性でした。心根も美しく、神様が好意を持つタイプの人間です。子どもを一心に思う親心に打たれた神様は、ある日、きぬの夢枕に立ちました。

「見えない目を見えるようにしてほしい、という大きな願掛けは、それなりの行為を示す必要がある。100日続けて神社に通って来い」

夢枕ですから、ただの夢だと捨ててしまう人のほうが多いと思われますが、きぬは違いました。神様が助けて下さる！　と、感謝の涙を流しながらお礼を言いました。

翌日から言われた通り、毎日、久井のお稲荷さんへと通いました。

雨の日も、風の日も、霜が降りて寒さでガチガチと震える日も、欠かさず通いました。赤子を背負って、片道4時間弱の道を歩いたのです（詳細を聞くと3時間30〜40分だったということです）。往復で8時間です。

その道のりをきぬはせっせと歩きました。可愛い我が子のために……。ひたすら神様を信じて……。

念願の100日目、神社に着いたきぬは、

「自分の気持ちとして、あと7日通います」

と、神様に申し出たそうです。助けて下さる神様への深い感謝と、自分の神様に対する気持ちを形にしたかったようです。

107日間、きぬは通いとおしました。そんなきぬを見て、神様は赤子の目を治してあげたそうです。赤子はきぬの初めての子どもでした。男の子だったそうです。

赤子の目を実際に治したのはお稲荷さんですが、きぬの信仰の深さ、信じる力、そして我が子を一心に思う母心、それらが治したと言っても過言ではないように思いました。

「神様?」

「なんだ」

「神様は心の中まで見えますよね? おきぬさんの信心深いのは見えていたはずですから、100日通わなくてもおわかりになったのでは?」

神様が言うには、信心深さを試すために通わせたのではないそうです。

見えない目を見えるようにする、ということは、かなり大きなご加護を特別にもらうということです。それなりの行為をしなければいけないのだそうです(代償を払うというと意味が違うので、このように表現しています)。

私にできるかなぁ、と自分に置き換えて考えてみました。毎日8時間、歩くのです。雨の日も、風の日も。体調が悪くても休めません。しかも子どもを背負って、です。

でも、もし、生まれて間もない私の息子の目が見えていなかったら……通っただろうな、と思います。自分のためだったら簡単にギブアップすると思いますが。

ちなみに「神様が治して下さる！」と強く信じて100日間、毎日通う、というその信仰心は、神様への、ものすごく大きなプレゼントになります。神様のパワーになるのです。

「お百度参り」というものがあります。神社やお寺の入口から、拝殿もしくは本堂まで行って参拝し、また入口まで戻る、これを100回繰り返すことです。「お百度を踏む」とも言います。

本来なら、お稲荷さんが言うように100日間、続けて〝毎日〟通うべき願掛けですが、それを簡略化して1日で済ませるものが「お百度参り」となっています。

これはパンパンと柏手を打って参拝する〝回数〟が重要だと考えて、できたものではないかと思います。

しかし真実は、回数だけが重要なのではありません。神様を信じて毎日通う、それを100日間欠かさず続けるという努力、しんどくても面倒くさくても毎日行くという揺るがない信仰心、それらが大事なのであって、100回行ったり来たりで簡単に1日で済ます、という形式的なものとは違うのでした。

ですから、深刻な願掛けは100日間自宅から通えるところに行くといいです。心から信じて通えば、どの神様もきっと願いを聞いて下さると思います。

田舎の道をドライブしていて、思いがけず、すごい神様に出会うことができました。あちこちの神様と会って、いろんなお話を聞くことは、本当に勉強になります。奥が深いです。

これからも日本全国、可能な限り各地をまわって、神様仏様から聞いた貴重なお話、珍しいお話、感動するお話をお伝えできれば、と思います。

「久井稲生神社」広島県三原市久井町江木1―1

第二章

東日本大震災津波到達ラインと神様

岩手県
宮城県
福島県
東北新幹線
東北自動車道
東北新幹線
東北自動車道
東北新幹線
東北自動車道
大槌町
釜石市
大船渡市
陸前高田市
気仙沼市
南三陸町
石巻市
東松島市
仙台市
名取市
岩沼市
相馬市
南相馬市
浪江町

東日本大震災について

東日本大震災は、２０１１年3月11日、三陸沖で発生したマグニチュード9・0の東北地方太平洋沖地震により引き起こされた大災害です。最大震度7の強い揺れと、国内観測史上最大の津波を伴い、東北・関東地方を中心とする広い範囲に甚大な被害をもたらしました。

津波は岩手、宮城、福島の東北3県では浸水高が10メートルを超え、最大遡上高（津波の高さ）は、観測史上最大の40メートル

だったそうです。海岸から数キロメートル内陸にまで津波が浸入した地域もあり、建物が根こそぎ流されて壊滅状態になった町もありました。被害は東北3県を中心に1都1道20県に及び、多くの犠牲者を出しました。

この時の津波の浸水域ライン……津波の到達ラインと言っても良いかと思いますが、この線に沿って神社が多数ある、というお話をご存知の方は多いと思います。津波がここで止まりました、浸水したのはここまでです、という地点を繋いでラインを引くと、なぜかそのライン上に多くの神社が集まっている、というものです。津波が神社の直前で止まっていたり、

境内は浸水していても社殿には届かず無事だったりと、被害を受けていない神社が多かったのです。

神社が津波を止めたのではないか？　ということで、この話はテレビでも報道されたようですし（残念ながら私は見ておりません）、書籍も出ているようです。私はテレビや書籍からではなく、この話を知人から聞きました。

神仏の存在を信じている人は、不思議だな、だけど十分あり得る、と受け止められますが、神仏のことを詳しく知らない人や神仏を信じていない人には眉唾なお話かもしれません。

自分でも調べてみたところ、津波到達ライン上には実に多くの神社やお堂があり、偶然で片付けるには無理がある、という数でした。被害を受けた地域と、被害をほとんど受けなかった地域の、まさに境目となっていた神社もいくつかありました。津波浸水域に沿ってたくさんの神社が残ったということは、神社のなんらかの力が働いて津波を止めたとしか考えられませんでした。

神社を囲む鎮守の森が防災林として機能した、ということも大きいと思います。でも、同じように防災林になりえた林や森でも、流されてしまったところがあるわけです。流されずに踏みとどまった神社やお堂……そこには何か、人間にはわからない神仏の力が作用したように思いました。

津波を止めた神社をめぐる旅をいつかしてみたい、どのようなことがあったのか神仏に聞いてみたいと長い間考えていました。なかなか実現が難しくてチャンスがなかったのですが、今回やっとそれが叶いました。東北を訪れたのは今年の6月上旬です。大震災の時に神様はどうしていたのか……それをこの旅で聞くことができました。

第二章
東日本大震災津波到達ラインと神様

東日本大震災の発生は6年前のことです。時間が経つにつれて、関西のテレビでは復興状況を詳しく伝えるニュースや番組が少なくなり、以前のように頻繁に東北のことを伝えてくれなくなりました。復興はどのように進んでいるのだろうか……と、気にはなっていましたが、日々の忙しさの中でそれも薄れていきました。

道路は整備され建物なども再建されて、かなりもとの状態に近づいているのだろうと漠然と考えていましたが、現地に行って驚きました。まだまだ復興が進んでいるとは言い難い状態だったのです。

どの地域もショベルカーやダンプカーがたくさん動いていて、あちこちで工事をしていました。土地のかさ上げ工事でしょうか、盛土を築造しているようで、沿岸部はほとんどのところが整地されている途中でした。大型ダンプカーがひっきりなしに行ったり来たりして、皆さん、懸命に働いているといった印象を受けました。

今回、訪れた神社は小さいところがほとんどだったため、地図ではよくわからないという細い道を行くことが多く、途中で工事現場の交通誘導の人に何度か道を聞いたりもしました。道を聞くのに困らないというくらい、工事現場が多かったです。

福島県の南相馬市から取材を始め、海岸線を北上して、岩手県上閉伊郡大槌町《かみへいぐんおおつち》まで行きました。実際に行って、被害に遭った現場に立つと、テレビではわからなかった被災地のいろいろなものが見えてきます。津波で流されて一面何もない土地、真新しいお墓の数々、津波によって破壊された建物など、それらを見ることで被害を実感として感じることができました。

東日本大震災が発生した当時、「自分にできることを何かしなければ！　なんとか力になりたい！」と思いました。しかし、こんなオバさんがボランティアに行っても役に立つはずがなく、というか、行くと邪魔になる可能性のほうが高く、私にできることといえば募金に協力するくらいでした。コツコツと寄付を重ねさせてもらいました。今考えると、その時の私は痛ましく思う気持ちはあっても、〝実感として〟津波の被害状況がわかっていなかったと思います。

現地に足を運ぶと、あの日がストレートに心に響いてきます。そこではじめて、実感を伴った「津波の被害とはこういうものだったのだ」ということを学びました。現地に行くのと、行かないのとでは心に響く度合いがまったく違います。自分の目で見ることによって、それまでよりもはるかに強い気持ちで、東北を応援する気持ちになりました。

まだ現地に行かれたことがないという方は、一度足を運んでみることをおすすめします。悲惨な災害でしたが、日本人として共有すべき記憶ではないか……と、私はそのように思いました。

第二章
東日本大震災津波到達ラインと神様

津波に襲われた地域にいる神様は、あの日何をされていたのか……そして現在はどうお考えなのか……それをこれから書いていきます。

私は、神仏の部分に関しては、まったく何も知らないまま東北に行きました。南相馬市から神社を一つ一つ訪れるとともに、いろいろなことを知り、学びました。その経過をそのまま書こうと思います。整理してわかりやすく淡々と書くよりも、臨場感が出るように思います。この本の中で、皆様も、私と一緒に津波沿岸部を北上していただければ、と思います。

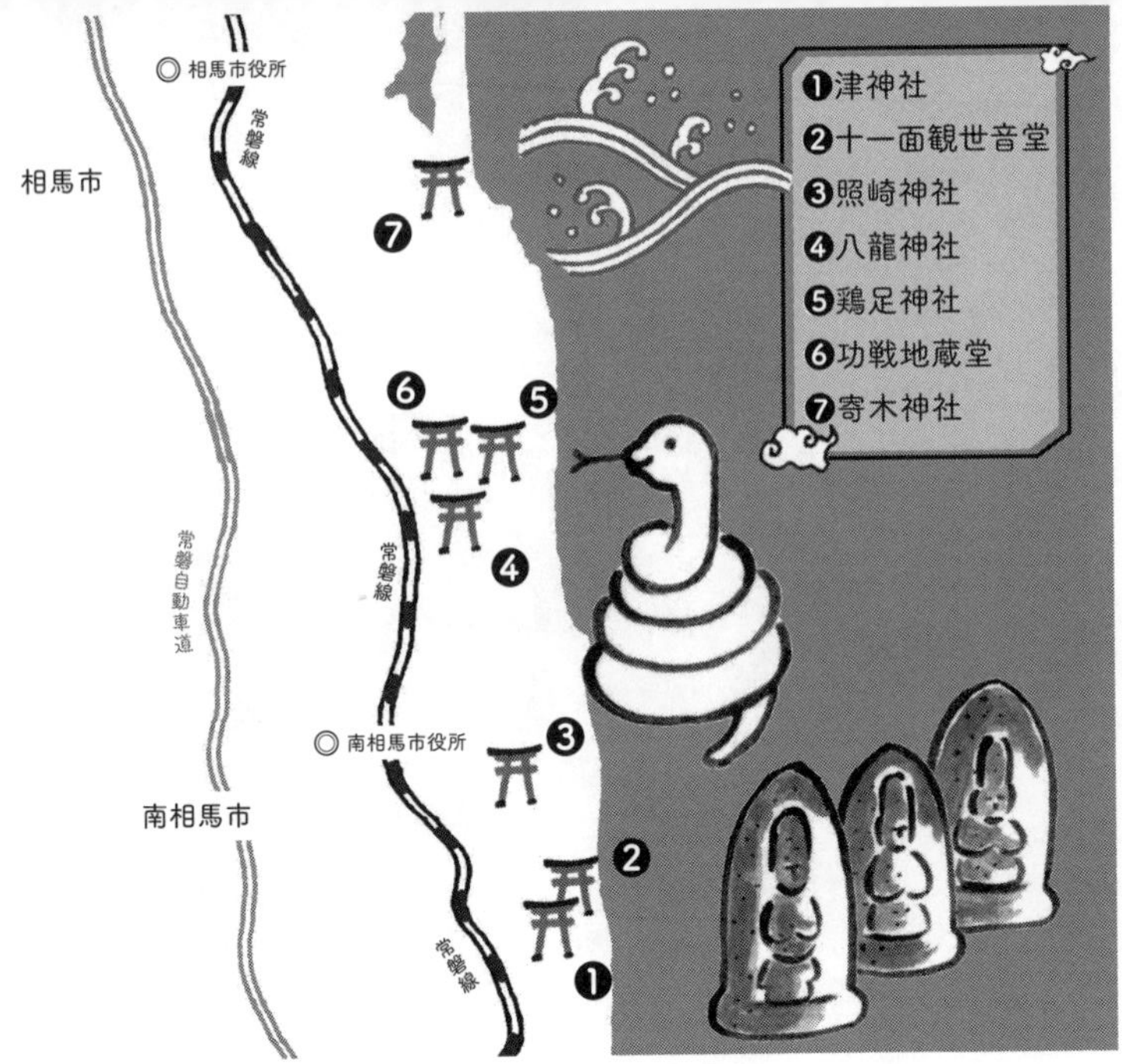

津神社、十一面観世音堂、照崎神社

仙台空港から高速道路を走って向かったのは、南相馬市にある「津神社」です。ここは津波の被害を受けていません。直前で津波が止まっています。神社の北側は、広範囲にわたって盛土を築造している工事中でした。最初に訪れた場所ですから、まだ何もわかっていなくて、「工事中なんだな～」と思っただけでした。

お社は小高い丘の上にあるので、鳥居をくぐって少し坂道を登ります。鳥居をくぐった時にご挨拶をして、そこから話しかけてみましたが、返事が返ってきません。坂道を登っていくと右手にお社へと続く階段がありました。

お社はこじんまりとしたもので、集落の神社という雰囲気でした。手を合わせて祝詞《のりと》を唱えてみましたが、何も聞こえませんし、姿も見えません。おかしいな、いらっしゃらないのかな、と思い、お社のまわりをゆっくりとまわってみました。

境内は狭く、あっという間に一周してしまいます。何周かまわって写真を撮ったり、ぼーっとしてみたり、かなりの時間を費やして自分をなじませると……やっと見えてきました。

神様は、白いひげを長く伸ばしたおじいさんの姿です。現代の高齢男性のような感じではなく、かぐや姫に出てくるような、まさにおじいさん、というそんな雰囲気です。足もとはヨロヨロと安定していなくて、まっすぐに歩けません。よろけています。

ものすごく疲弊している、ということが見ただけでわかります。疲労が大きすぎるのか、会話もまったくできません。どうやら、津波を止めるために持っている力を全部出し切ったようです。エネルギーを使い果たしてしまったようでした。

津波から6年も経っているのに、このような状態でいらっしゃるのか……と不思議に思いました。小さなお社の神様だし、もとが人間のようですから、力もそんなに大きくないと思われます。だからかな？　と、考えましたが、お話ができないので真相はわかりませんでした。

津神社から少し歩いたところに、「十一面観世音堂」があります。津神社は小高い丘の上だったので、津波の被害を受けなかったのはわかりますが、こちらは平坦な土地となっています。それなのに流されていません。

海岸側から見るとお堂の正面は横（南）を向いています。海岸から直線距離にしておよそ250メートルくらいの場所で、海岸とお堂の間、お堂の裏側は建物が何もなく整地されていました。つまり、お堂のすぐ横、すぐ裏は津波で流されているのです。

後日、被害状況を調べてみたところ、お堂の周辺の家屋（お堂の前方から西にかけてだと思います）は、浸水して半壊したお宅があったそうですが（お堂も浸水したらしいです）、比較的軽い被害だったそうです。しかし、お堂の裏手は完全に家屋が流されて大きな被害が出た、とのことでした。

お堂の中に十一面観音様がいらっしゃるのかな、と覗いてみたところ、小さな厨子《ずし》が2

つ置かれていましたが、厨子の扉はしっかり閉じられていました。境内（と言っても、とーっても狭いです）には石碑が3つあり、小さな祠もあって、お堂入口（石段の下）にはお地蔵さんが2体ありました。

昔から続く信仰の場だったようです。仏様への信仰もありますが、ここで供養された人もいたのではないかと思います。その人たち（先祖？）がここに集結したのかな、と思いましたが、はっきりとはわかりませんでした。仏様も力を出していますが、それよりも別の力のほうが強いのです。

お堂を囲む木々が津波からお堂を守ったようにも見えますが、やはりそれだけではないように思いました。とりあえず、先に進もう……ということで、次の神社に向かいました。

「照崎神社」は、神社に向かって右側と裏が一面、何もない広々とした土地になっていました。おそらく津波で流され、整地されているのだと思います。社殿の裏側は、境内の土がごっそり削り取られた跡がありました。

調べたところ、この神社は浸水した地区としなかった地区の境目になっていました。まさに津波を止めた神社なのです。海岸からの距離は約2キロメートルで、そんなに距離があるのに神社の浸水は1メートルもあったそうです。しかし、社殿が地面から1メートル高く作られているため、海水に浸かることなく社殿は無事でした。

神社の裏手の杉林は、何十本もの杉が折れる勢いで流されたということです。杉林は流されているのに、鎮守の森は無事だった……そんな奇跡的な神社です。

本殿を見ると、まずヘビの神様が見えました。本殿に重なった空間の中心に、とぐろを巻いてうずくまったような感じでおられます。見るからに疲れ切っている様子で、ひたすら回復するのを待っている……そのように見えました。

とぐろを巻いた姿勢で頭を自分の巻いた体の中に突っ込んでいましたが、私が唱える祝詞を聞くと、顔を上げてくれました。しかし、それも長くは続か

第二章
東日本大震災津波到達ラインと神様

ず、すぐにまた頭を巻いた体の中にうずめてじっとしていました。本当にしんどそうです。

かすかに聞こえた言葉は、

「持っている力を全部出した……」でした。

ここは不思議なことに、キツネのお稲荷さんも本殿の同じ空間にいます。ヘビの神様とお稲荷さんが同じ社殿、それも同じ空間にいることは珍しいです。というか、ありえないです。

疲労困憊しているのに質問をするのはどうかと思いましたが、

「お稲荷さんも見えるんですけど……？」と聞いてみました。ヘビの神様とお稲荷さんは、ベラベラと長くしゃべれないので、代わる代わる消え入るような声で答えてくれました。

ここにいるお稲荷さんは、津波で流されてしまったお社にいたお稲荷さんなのだそうです。流されたお社は海岸に近い場所で、津波のエネルギーがケタ外れに強かったため、お稲荷さんの力ではどうしようもなくお社は流されたそうです。

お社が流されることがわかった時点で、お稲荷さんは眷属を連れてこの神社に来たそうです。そして、みんなで力を合わせて津波をなんとか止めた、ということでした。お稲荷さんもボロボロに疲れています。白くて小さなお稲荷さんです。

お稲荷さんはお社を再建してもらえたら、そちらに戻るそうですが、再建されなかったらしばらくはヘビの神様と一緒にこの神社にいる、と言っていました。それ以上コンタクトをするのは、申し訳なくて遠慮しました。おふた方とも現在はひたすら回復中、といった様子でした。

八龍神社、鶏足神社、功戦地蔵堂、寄木神社

（概略地図は64ページを参照）

東北地方には八龍神社という名前の神社が多かったです。あちこちにありました。ライン上にある別の八龍神社にも行ったのですが、そちらは工事中で通行止めになっていて参道まで行けませんでした。

私が参拝した「八龍神社《はちりゅう》」は、遠くからでも目立っています。何もないだだっ広い土地の中にポツンと小さな森があるからです。ここは鎮守の森といっても、そんなにたくさんの木々がお社を囲っているわけではありません。ご神木

1本と数本の木があるだけです。神社がある一帯は浸水していますから（1～2メートル）、よくこれだけの木で持ちこたえたなぁ、という本数です。社殿は新しく見えたので、もしかしたら海水を浴びたため建て替えられたのかもしれません。

川のすぐそばにあって神社に被害がなかったこと、地域一帯の被害状況からすると、神社の周辺は比較的軽い被害で済んでいることなど、神様の力が働いたとしか考えられません。

この神社は八龍〝神社〟となっていますが、どちらかと言うと仏様の力のほうが大きかったです。社殿の脇に、三十三観音の石仏がずら～っと安置されていました。その石仏がどれも疲弊していたのです。津波が起こる前からこの神社にあったのか、津波後に移転されてきたのかは不明ですが、どちらにしろものすごく尽力しています。

さらに、三十三観音のそばにある大木が力のあるご神木で、この木に高波動の高級霊が宿っていました。社殿のほうに神様の気配はありませんでしたから、神様はこの大木に宿っておられるのかもしれません。

このご神木がものすごく力を発揮して踏ん張ったようでした。ご神木も、他の神様や眷属と同じようにとても疲れていました。

そうか、ご神木も持っている見えない力を全部出し切ったんだ、とこの時気づきました。神仏の仲間のご神木ですから、同じように、できることを精一杯していたのです。

ここには石仏と石碑が多くあって（蚕供養《かいこ》の石碑もありました）、神仏習合時代からの信仰がたくさん残っています。土地に、昔からの信仰の力があります。人々の信仰心というのは、なんでもない場所を聖地にするほどの力がありますから、この場所はご先祖様の時代から貯まっている信仰の力が作用したように思いました。

「鶏足神社《けいそく》」はナビの案内で裏手から行きました。

神社の後方は住宅も畑もあってごく普通の風景でしたが、神社前は広々と遠くまで何もない土地が広がっていました。

「全部流されたんだ……」と、なんとも言えない気持ちでつぶやくと、狛犬の「あ」のほうが、

「このあたりでも人が多く亡くなった」と言います（調べたら50名前後の方がお亡くなりになっていました）。

その言葉の裏には、すべての人を助けることができなかった

……という、悔やむような、深い悲しみを伴った、自分を責める気持ちがあるようでした。

ご祭神に関してはまったくわかりませんでした。多分、力を使い果たしてまだ全然回復していないのだと思います。狛犬に眷属が入っていたということは、神様もいるはずです。でも、これ以上のことがわからなかったので、次へと行きました。

「功戦地蔵堂」もライン上です。こちらは、それはもう小さなお堂で、本当に近所の人が手を合わせるだけのお堂となっています。お地蔵さんは4～5体安置されていましたが、お召し物も古く、ホコリをかぶっており、しばらく放置されたままなのかな～という感じでした。

ここでも信仰心が作用したようです。それは現在の人々の信仰心ではなく、昔からの……おじいちゃん・おばあちゃんが素朴に神仏を敬っていた頃の気持ちの貯金です。先祖から積み重ねたその信仰心は、津波を止める力にもなるのでした。

「寄木《よるき》神社」は海岸のすぐ近くにありました。高さ5メートルの堤防を乗り越えた津波は、付近一帯の集落をすべて押し流し甚大な被害を出しました。神社も参道の途中まで水没したそうですが、社殿は無事で、神社の南および西側は浸水を免れています。

小高い場所にある境内から見ると、海ははるか下方にあるという感じでした。ですから、参道の途中まで水没したと知った時は、(一の鳥居が真新しかったのでその場で調べました)「こんなところまで？　まさか、ここまで水が!?」と、信じられない思いでした。それは実感として、ありえない！　という高さだったのです。

東北地方独特の信仰の形なのでしょうか、この神社にもたくさんの石碑があって、信仰心の貯金とも言うべき、先祖からの神仏を敬う気持ちが残っていました。さらに、誰にも気づかれていませんが、立派なご神木があり、力を出し切って疲れ果てていました。

寄木神社の神様も、お声はかろうじて聞こえましたが、お姿は残念ながら見えませんでした。

どこの神社へ行っても、どの神様も惜しみなく、持っているエネルギーをすべて使っていました。そうまでして人々を救おうとされたことが、ありがたいというよりも……なんだか悲しく思えてくるのでした。

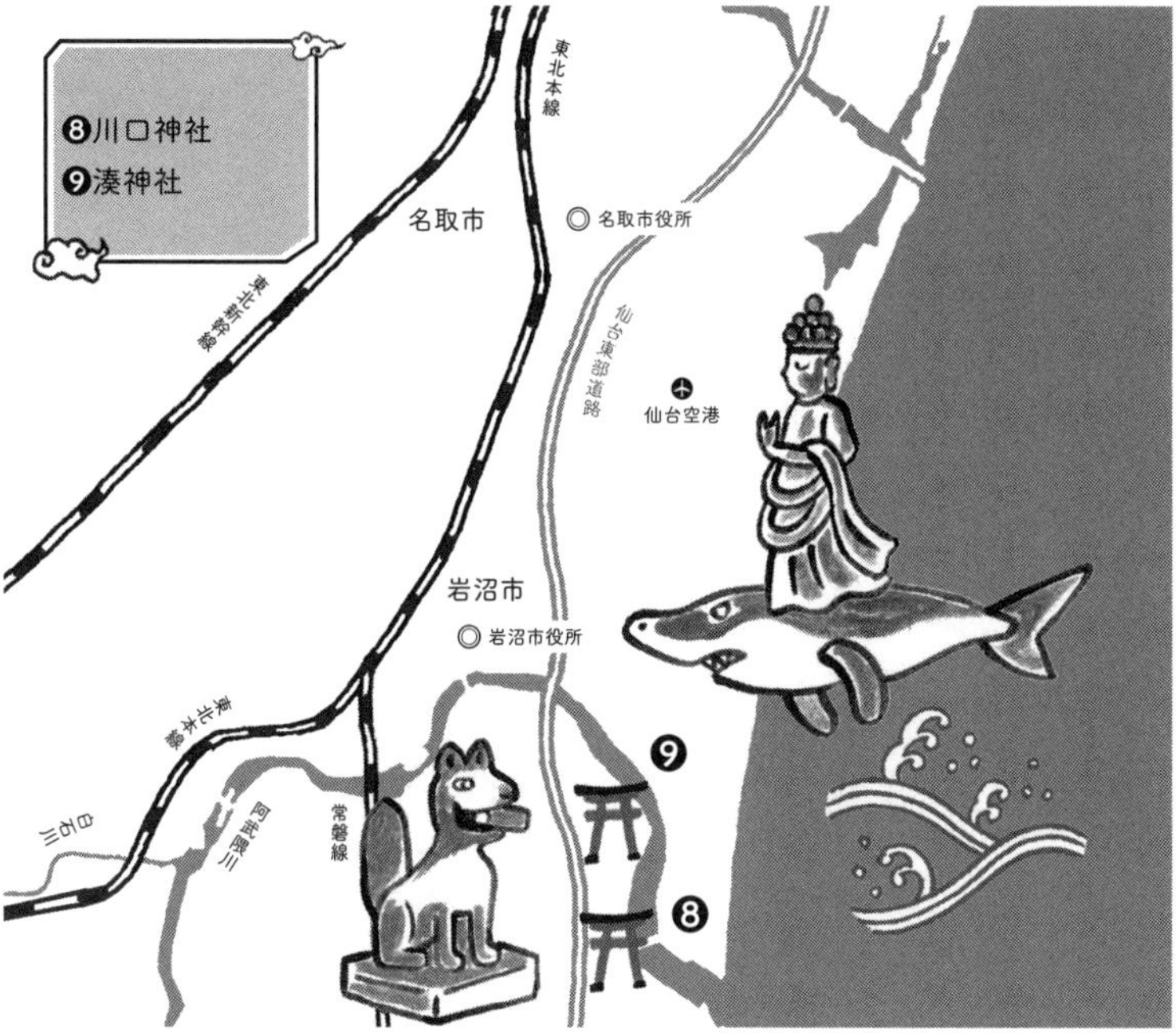

川口神社、湊神社

宮城県亘理《わたり》町にある「川口神社」は阿武隈川の河口近くに位置しています。この神社を境にして上流側では家屋などが流失したそうですが、下流側は比較的軽い被災で済んでいます。

下流側に「黄金嶋《こがねじま》神社」というお社があったらしいのですが、こちらは鳥居のみを残して流失しています。

黄金嶋神社を境にして、海側はほぼ壊滅状態であるにもかかわらず上流側は家屋が残っていたそうです。つまり、川口神社と黄金嶋神社に挟まれた地区は大きな被災を免れた、というわけです。

川口神社の手水舎は浸水で壊れていましたが、社殿は残っていました。川口神社の神様はお稲荷さんです。

疲労の度合が激しく、祝詞を唱えていたら眷属も見えましたが、眷属たちはものすごく小さくなっていました。ミニチュアのようでした。消耗した様子は、神様や眷属によって違っていて、薄く見えたり小さく見えたりします。川口神社の眷属は小さく見えるタイプでした。

この神社には眷属が多くいるので、お稲荷さんはかなり力が強いと思われるのですが、まったく見えませんでした。存在自体が非常に薄かったです。

本殿の脇には信仰スペースがあって、この場所を見た瞬間に、「ああ、ここは助かるな」と思いました。境内社が3つあって、石碑も多く立てられています。文政（約200年前です）と彫られたものが多く、見ざる言わざる聞かざるの三猿が彫られたものもありました。仏教関係だけでなく、秋葉の山神という石碑もあって、神仏習合の古くからの信仰がここにはありました。鳥居の横には立派なご神木もあって、こちらも頑張られたご様子でした。

黄金嶋神社もどのような神様なのか、どうなっているのか、見に行きたかったのですが、残念ながら神社へ行く道が通行止めになっていました。

「湊《みなと》神社」は川のすぐそばにあります。流されなかった神社ということで行ってみました。

車で行くと、ゆるいカーブを曲がって鎮守の森が見えてくるのですが、森が見えた瞬間に「うわぁ、なんだかすごいパワーがある～」と、目で見てわかるくらいキラキラしていました。

車を降りて歩くと、空気が澄んでいて爽やかな「気」を感じます。神社の創建は約６００年前で、社殿は江戸末期に建てられたと推定されているそうです。灯籠にも「文化」と彫られていましたので、２１０年前あたりに厚く信仰されていたのではないかと思います。石碑も４つありました。

ご神体は「サメの背に乗った金色の十一面観世音」と案内板に書かれていましたが、私には十一面観音様は見えませんでした。まったく聞こえず、見えず、だったのです。気配も感じられませんでした。神様、もし

くは観音様が疲れ果てていたからわからなかったのか、それとも不在だったのか……どちらなのかも不明です。

ただ、境内はパワースポット並みにエネルギーがあって、浄化してもらえる場所となっています。長くブラブラしていたいと思う土地なのですが、境内が狭いので長居が難しく、そこが残念でした。あまりにも気持ちが良かったので、そのへん一帯の土地が良いのかと考え、横の土手に上がってみましたが、やはりパワーがあるのは境内だけでした。

この本を書くにあたって、国土地理院の浸水範囲概況図を確認してみたところ、不思議なことに湊神社の周辺だけは一切被災していません。いや、その地域一帯は大きな被害が出た模様で、浸水を示す塗りつぶしが広範囲に広がっているのです。神社は土手のすぐ下ですから、被害を

大きく受けるのが普通だと思うのですが、ぽっかりと穴があいたように神社の周りだけが浸水していないのです。不思議でなりません。

神仏の気配がしなかったので、土地が持っているパワーかも？　と思うのですが、いずれにしてもなんらかの力が働いている場所です。

津波到達ライン上にあるのは小さな神社が多く、お社のみとか、祠のみ、というところがほとんどです。そのような神社は民家のど真ん中にひっそりとあったりしますから、参拝するのに気を使いました。観光客が来るような地域ではないので、近所の顔見知りしかいない、そんな雰囲気なのです。

そこによそ者がふら～っと来て、ウロウロしているわけですから、明らかに不審者です。手を合わせて立ち去るだけなら、「ああ、お参りに来たのね」と気にもとめないでしょうが、あっちに行って写真を撮ったり、こっちに来てじぃ～っと木を見つめたり、社殿や石灯籠の細かい部分まで必死で見ているのです。

なんだか怪しいわ、あの人……と警戒モードになるのか、あからさまにジロジロ見られたりもしました。そりゃ、そうですよね～、怪しい人物ですよね～私、と不審者であることを自覚していたので、あまりにも近所の人に警戒されたところは、逃げるようにして神社をあとにしました。

被災時の神々の真実

ここまでで、書いていない神社も含めると、全部で13社まわりました。そこで聞いたお話を総合すると真実が見えてきました。

神様によると……〝地震〟は、直前でなければわからないそうです。地震が来ることがわかると同時に、〝津波〟もわかるそうです。そこで地域の神々は、サッと話し合うというか、打ち合わせというか、そのようなものを一瞬で行い、守る態勢に入るそうです。

津波は地震が発生して起こるものです。ですから津波のエネルギーは、地震のエネルギーを帯びています。

その地震は、地球という〝天体〟の作用によって起こります。地震のエネルギーは、宇宙空間に浮かんで動いている地球という〝惑星〟のエネルギーであり、それはいってみれば、宇宙規模のエネルギーというわけです。それはもう、とてつもなく大きく強いもので、神様の力よりもはるかに強大です。

第二章
東日本大震災津波到達ラインと神様

津波は地震のエネルギーも持っているため、想像を絶するくらい巨大な力となっています。この津波が勢いよく襲ってくる場所は、いくら神様といえども太刀打ちできません。比べ物にならない大きさなのです。

津波の勢いが強い場所にある神社の神様と眷属は津波が来る前に、海岸から少し離れた、もしくは力がある神様の神社へ行ったそうです。そしてそこで、その神社の神様や眷属と力を合わせて(パワーを2倍にも3倍にもして)、津波と戦う、という方法を取ったのだそうです。

実際に自分の足で津波に流された土地に立って、震災の日に焦点を合わせると、あの日の神様方の姿が見えてきました。

小さな神様も大きな神様も、その土地の神様が全員で連携し、力を合わせて人間を助けています。どの神様も出せる力を惜しまずに、躊躇することなく全部、出し切っています。

神様という存在は、究極の言い方をすればエネルギーです。体が……というより、存在自体がエネルギーの塊です。そのような存在が、出せる力を全部出す、ということは、自分自身を形作っているエネルギーを全部放出して使う……つまり、自分自身を削ることを意味します。自分の体と言いますか、自分という存在をエネルギーとして使う、ということなのです。

自分＝エネルギーですから、使えば自分という存在が減ります。消えてしまうギリギリ寸前まで、すべてのエネルギーを放出して津波を止めようと尽力した、というわけです。

その理由は、一人でも多く人間を救いたい……ただ、それだけのために、です。

神社の神々は、自分自身の存在がゼロに近いほど減ってしまう、しばらくは動けないほど疲弊する、もしかしたら消えてなくなるかもしれない……というリスクを承知で、持っている力をギリギリまで出し切って人間のために自己を犠牲にしています。人間のほうはまったく気づいていませんから、その事実を知りません。

神様は感謝をされないことを承知で犠牲になっているのです。お礼を言われるどころか逆に、「こんなひどい災害を起こして……神様はどういうおつもりか！」と、恨《うら》まれたりします。「神様はひどすぎる！」と、非難する人もいるでしょうし、「神様がいたらこんな災害は起こらない！」と、存在を否定する人もいると思います。濡れ衣で、このようにひどいことを言われるわけです。

それでもできる限り、精一杯、身を挺して助けています。

「一人でも多く救いたい！」その一心で、ボロボロになるまで津波と戦ったせいで、動けない・話せない・姿も見せられないほどに弱っているのでした。〝神様が〟動けない、話せない、ですから、どれくらいの消耗具合なのかが、おわかりいただけることと思います。

コンスタントにお参りに来い、というお稲荷さん（まだ神格が少し低いお稲荷さんです）を、私は今まで「ちょっぴり自分勝手な部分がある神様だな」と思っていました。お稲荷さんは人々の信仰心をパワーにしていますから、それでコンスタントな参拝を欲しがるのです（神格が高くなったお稲荷さんは違います）。縁を結んだ人に「来い」と参拝を促したりするので、わがままだな、と思っていました。

しかし、そんなお稲荷さんでも、いざとなれば、自分の命を捨てる寸前まで津波と戦います。コンスタントに参拝に来る人も、来ない人も、分け隔てなく救います。

それが〝神様〟なのだ……と、私はこの取材で知りました。神様という存在の尊さを心《しん》から理解したのです。

お願いを叶えてくれるから、危険や病気から守ってくれるから、癒しをくれるから、そのような理由でありがたいと思っていた神様と、東北で知った神様の真の尊さは、深みがまったく違っていました。

普段、神々は、人間の願いを叶えるためにせっせと働いておられます。それも、人間にとって都合の良い身勝手なお願いばかりです。眷属も神様も、実現が困難な人間の願いを叶えるために、厳しい修行をしています。強い力を持とうと努力されるわけです。

さらに、津波とか噴火とか地震などの自然災害が起こった場合、自分が傷つき倒れても徹底的に人間を守ります。神様がここまで人間のためにしてくれるのは、どうしてでしょうか……。

私は津波で流された場所に立って、天空の神々に問いかけてみました。天空の神々は波動が高すぎて、人間は直接、その返事を聞くことができないのですが、聞かずにはいられませんでした。

するとそこで、数年前に噴火が起こった山の、〝その時〟が見えてきました。

亡くなった方がいらっしゃったため、神様はどうして助けなかったのか、と多くの人が思っているであろう、山の神様の噴火時の状態です。

神様は、片手で噴火という〝地球のエネルギー〟と戦い、片手で救命活動をしていたようです（片手で、というのはイメージで、半分の力で、と思っていただいてもいいです）。

両手で人命救助だけに専念しなかったのは、噴火をできるだけ押さえて小さくしないと、全員が死んでしまうからです。かと言って、噴火を押さえるほうに両手を使って専念すると、救助が手薄になるので助からない命がもっと増えてしまいます。

眷属たちも、同じように二手に分かれて、自分の身の危険もかえりみず必死で戦ったり救命活動をしていました。

神様が最善を尽くして、持てる力をすべて出し切り、それこそ死に物狂いで頑張られた結果が……力およばず犠牲者を出してしまった、というわけなのでした。亡くなった方々は、神様の山を登りに来た、言わば可愛い参拝者です。神様の無念、悲しみはいかばかりか、と思います。

噴火の力も津波と同じ、宇宙に浮かぶ地球という〝天体〟のパワーですから、太陽だの木星だの土星だのの力と一緒です。巨大であり、人間には想像もつかないほど強いわけです。神様が勝てるパワーではありません。噴火をした山の神様も疲弊してしまって、まったく動けない状態のようでしたが、今は徐々に回復しているみたいです。

なぜ、このような自己犠牲の精神をもった〝神様〟という存在がいるのでしょうか？

理解している人間のほうが少ないため、どんなに一生懸命に助けても、自然災害を起こすなんて神様はひどい！　と文句を言われますし、願いが叶わなければ参拝をやめたり、信仰を捨てたりされるわけです。神様なんてこの世にはいない、人間が作った想像の産物だとバカにする人もいます。

そんなことを言われても、神様は差別せずにどの人も津波から救おうと力を尽くします。

そうせずにはいられない、それが神様なのです。

どうしてそんなに献身的に人間を想ってくれるのだろう？

なぜ、そこまで優しいのだろう？

愛情を与えるばかりの神様は何が楽しくて存在しているのだろう？

そんなことを考えていると、なぜだか泣けてくるのでした。

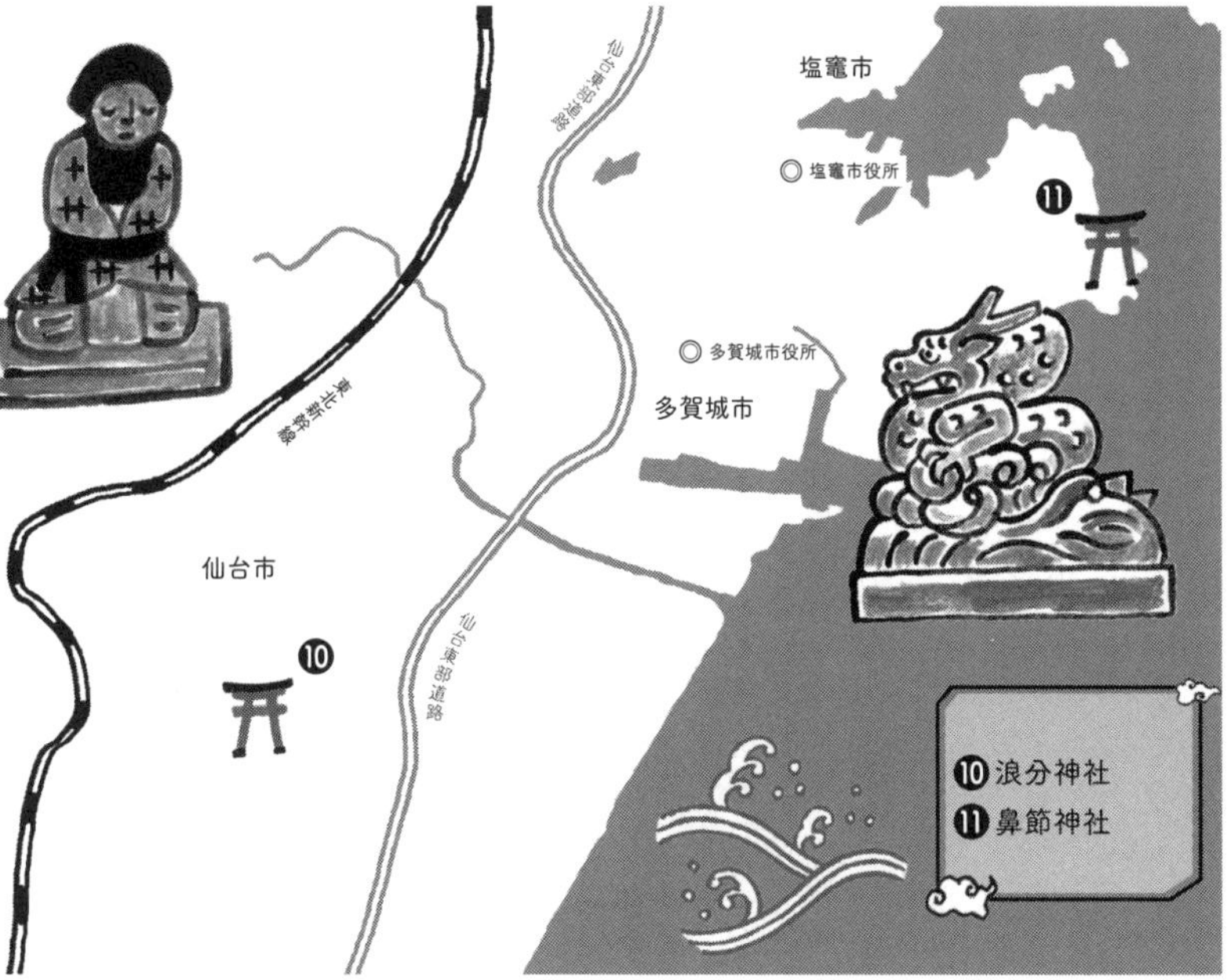

浪分神社

仙台市にある「浪分《なみわけ》神社」は、昔、大津波があった時にここで波が分かれたことに由来するのだそうです。実際に調査をした結果、過去の津波の堆積物が神社の手前までしかなかったそうで、今回の津波でもこの神社は浸水の被害を受けていません。

大きな神社だと思って行ったので、実際に見てビックリしました。小さな神社なのです。昔は村の神社でしたという規模のお社で、神様はお稲荷さんです。本殿の下に空っぽの石の祠が置いてあり、昔はその中に入っておられたのでしょうか。大事に保管されていました。

お話を聞くと、ここはもともと波を分けるポイントとなる土地なのだそうです。過去に何回か起

きた津波でもこの地点が津波の到達点だったそうで、そういう土地である、と言っていました。津波が来ると知ると、神々が一斉に津波に向かって行く、力を合わせて被害を最小限にする、とお稲荷さんは言います。

「それは人間のために……ですか？」

「そうだ」

「もっと上の存在、たとえば天空の神々から、人間を助けなさいという指示をされて……とか、そういう事情があるのでしょうか？」

この質問は、神様が自己犠牲の精神でみずからされているのだったら、なんだか悲しいと思ったからです。お稲荷さんは、そうではない、と答え、たとえ話をしてくれました。

もしも大きな津波が来るとして、そこに子猫や子犬がいたらできる限り、1匹でも多く救いたいと思うだろう？　と聞かれました。生まれて間もない子猫や子犬がどこに逃げたらい

いのか、何をどうしたらいいのかわからず右往左往していたら……たしかに１匹でも多く救いたい！　と思います。できれば１匹も死なせたくない、とも思います。その心境と同じらしいです。

神様も１つでも多くの命を救いたいと思うのだそうです。

「地震や津波が発生することは止められぬ。しかし神々の力で少しでも被害を小さくすることはできる」

何もしなければ１０００メートル内陸部に津波が届く予定だったとして、それを９９０メートルや９８０メートルにすれば、それだけ救える命があるわけです。高さが30メートルある津波を、28メートルや25メートルにすればそれで助かる命があるのです。神様方はその何メートルかを減らすために、自分の体であるエネルギーを削って止めている、というわけです。

浪分神社にも湯殿山と書かれた大きな石碑がありましたし、小さな石碑も3つあって、服を着せてもらったお地蔵さんもいました。お地蔵さんの祠には千羽鶴が奉納されていました。古い石灯籠と石の手水鉢もありました。ここも昔からの信仰が息づ

いています。

しかし、心無い人がいるもので、拝殿には落書きがたくさんありました。このようなことを平気でする人は信仰心がないわけで、神様を信じていないのでしょうが、他人の家の壁には落書きをしないのに、どうして神社だったらしてもいいと思うのか……腹が立ちます。

「これって、いいのですか？」と思わず聞いてしまいました。

お稲荷さんによると、ご加護を与えないだけで、いちいち全員に怒ってバチを与えたりはしないそうです。

「したいようにさせておく、ただし加護はやらぬ」とのことでした。

でも、私が落書きを見て最初に「え？　こんなことしていいの？」とひとりごとを言った時に、神様がちょっと笑ったのを私は見逃しませんでした。あまりにもバカにしたような態度を取るとか、非常に無礼な人は、もしかしたら眷属が怒り狂って、バチを当てているのかもしれません。

神様は疲れていましたが、ここでは少しだけ会話ができました。私が慣れてきたので、弱かったり薄かったりする波動をうまく拾えるようになったからだと思います。

鼻節神社

「鼻節《はなぶし》神社」は七ヶ浜半島の東側、小高い山の上にあります。海岸沿いにある神社なので津波の被害をもろに受けていそうですが、高い位置にあるため（調べてみたら30メートルの高さでした）なんとか無事だったようです。

車で細い道を登って行くと、赤い鳥居がある裏参道入口に着きます。

そこにあった神社の説明板を読むと、この神社は平安時代の記録に載っているそうで、由緒ある神社だということです。境内には2つの祠（西ノ宮・東ノ宮）があって、それは、かつて鼻節神社の沖合にあった大根岩礁に鎮座していた神様を遷《うつ》したものらしいです。８６９年に起きた大地震で岩礁が海に沈んでしまい、2柱の神様をここ鼻節神社にお祀りしたことが書かれていました。

私が到着したところは裏参道であり、本来は海からしか訪れることができない神社で、本殿南側に表参道と鳥居が残っている、とのことでした。

石段を上って行くと、ここも古くからの信仰の地となっています。

社殿を見ると、なんと！　この神社は龍が神様として鎮座していました。海辺を泳ぐ龍で、青っぽい色をしています。

常時、社殿にいるのではなく、パンパンという柏手が聞こえたり、祝詞が聞こえると飛んで来るそうです。いつもは海辺や、はるか向こうの海上を泳いでいるみたいで、ここの本殿は拝殿というか、遥拝所というか、間接的に拝むという感じになっています（龍が本殿に来なくても、こちらからの声は届きます）。

龍の神様に、さきほど案内板で読んだ2つの祠の話を聞くと、海の神様だと教えてくれました。海の神様は、もともと本当に岩礁に宿っていたそうです。しかし居場所が沈んでしまったため、今は、その沈んだ岩に宿ることもあれば、海から顔を出している岩に宿ることもあるそうです。

現在、ご祭神として鎮座していないので、神域内で自由にされているとのことでした。海の神様を拝みたい方は、この神社の2つの祠の前で呼べば来てくれるそうです。お呼びすると来てくれますが、海の神様が自分から来ることはない、と言っていました。

この地方の海の神様は1柱だそうです。もともといた岩礁には岩が2つあったそうで、人間は何かが2つあると、夫婦とか男と女、上宮と下宮、東・西、南・北などそのようにペアにするので、岩は東・西とされ2柱の神様がいることになった、というお話です。それで今でも祠は2つに分かれているけれど、神様は1柱なのだそうです。

龍の神様はそれまでに見てきた他の神様に比べて回復が早いように感じました。疲れているようには見えません。そこで、ちょっとそのへんを聞いてみました。

「神様方が皆様、疲弊しているんです。いつ頃、回復されるのでしょうか?」

「少し時間がかかる」

「それって、１００年とかですか?」

「そこまではいかないが……お前の時間の感覚で言うと、30～50年だ」

「では、その間に同じ規模の津波が来たら……」

「被害はもっと大きくなる（堤防の高さや居住地域、人々の意識など、同一の条件だったら、という話です）」

「疲れている神様に、何か人間ができることはありますか？　応援に行ったり、感謝をするとそれは力になりますか？」

「いま言ったことは神格を上げるには役立つ。力を強くすることもできる。しかし、消耗してなくなったエネルギーを補充することはできない」

「では、参拝に行っても無駄ということでしょうか？」

「神が弱っている時に、そのように感謝をしたり応援に来た者を、神は覚えている。回復した時に、礼があるかもしれない」

「それはプレゼントのようなものですね。回復するのが30年後〜50年後だったら、子どもや孫のために、応援や感謝をしておくのもアリですか？」

「下心を持って行くのは感心しないが……」

と、言って龍神様は笑っていました。でも、頑張って下さいと応援に来る、津波と戦って下さってありがとうと感謝をされると、神様は嬉しく思うそうです。

境内から海を見渡してみましたが、海の神様を感じることはできませんでした。

海の神様は、今どうされているのだろう？　と思ったので、そこを聞いてみました。すると、「海の神が一番消耗している」と言うのです。

それはなぜかと言うと、津波は海の出来事なので、海の神様の力が一番効くのだそうです。たとえば、地上の神様が10の力で押すと、その範囲の津波を10メートル押し返すとします。海の神様が同じく10の力で押せば、その範囲の津波は１００メートル押し戻される……というわけで、作用する力に差があるわけです。神様の種類というか、持っている力の種類の違いです。

ですから、海の神様は自分が先頭に立って止めなければいけない！　と持てる力のすべてを出し切り、それを大きく作用させるようにしたらしいです。だからとても消耗している……とのことでした。

龍の神様はほぼ普通に話ができるし、大空を泳げるし、姿もはっきり現わすことができます。どうして他の神様に比べてそんなに回復が早いのか、お聞きしたところ、空を飛べ

る神様は癒しが早いとのことでした。天にあるエネルギーを補充できるからでしょうか？　詳しいことまでは教えてもらえませんでしたが、龍だけ特別なようでした。

海の神様が来るという2つの祠は開けて拝むことができます。中には木のおふだがあって、見せていただくと「東大根大神」と書かれていました。もう一方は「西大根大神」だと思います。ここでお呼びすれば海の神様が来てくれるのですが、来られるようになるのはもう少し先になりそうです。

表参道を境内のほうから下りてみると、そこは森の中というか、林の中といった場所で海へと下りる道のようなものがありました。男性がちょうど下りて行ったところだったので、私は遠慮しましたが、昔はもっと栄えていたような、そんな表参道でした。

お仕事中に亡くなられた方の霊

道路を走っていると、「津波浸水区間ここから」「津波浸水区間ここまで」という標識や、「ここから過去の津波浸水区間」「過去の津波浸水区間ここまで」と書かれた標識がしょっちゅう出てきます。最初は、津波の被害の大きさを忘れないための標識なのかな、とぼんやり考えていましたが、違うのですね。

これは自分が浸水区間に入っている、浸水した区域を走っている、ということを自覚するための大切な標識だったのです。津波警報が発令された時、自分が浸水区間にいると知っていれば、ただちに避難をしなければいけないとわかります。迅速に行動ができるというわけです。

被害が大きかった地区は、「津波浸水区間」の下に「前方８００Ｍ　後方５００Ｍ」というふうに距離が書かれています。これはどっちの方向に走ったほうが早く浸水区間を抜けられるか、ひと目でわかるようになっているのです。津波減災対策が行き届いています。それは多くの犠牲者を悼《いた》んでのことなのだろうと思いました。

被災した地区を走っていると、新しい墓石ばかりの墓地もよく見かけました。多くの方の人生が、そこでぷっつりと終わったのだなぁ、と思うと、なんとも言えない、つらい気持ちになりました。

被害が大きかった海岸線を走っていた時のことです。18時少し前だったと思います。

運転しつつ、津波が襲ってきた海岸のほうを見て、この地域はこんなに流されたのか……と被災した日のことを考えていました。

亡くなった方が多い地域だから、一瞬で亡くなった人も中にはいたはずで、その方々は自分が亡くなったことを理解できているのだろうか……などと思い、視線を前方に移しました。

すると、トラックが目の前にいます。

あれ？　トラックなんかいたっけ？　と、不思議に思いました。

私の前を行く車は、はるか前方を走っていたのです。目の前に車がいなかったので、それでチラッと海岸のほうを見たのです。でなければ、危なくてよそ見なんかしません。

おかしいなぁ、とよく見ようとしたら、トラックはすぅ〜っと消えていきました。

ああ、なるほど、津波で亡くなった方なのだな、とわかりました。瞬時に命を落とされたせいでしょうか、自分が死んだことに気づいていないようで、いまだに配送のお仕事をされているのです。私が同情の気持ちを強く持ったため、繋がったようでした。

なんとなく自分は死んだかも？　とおぼろげながら気づいていても、責任感の強い人だったら「荷物を届けなければ！」という、その強い念を捨てることができません。強い念はこちらの世界に引っ張ってしまうため、向こうの世界へ行くことができなくなります。

届けなきゃ届けなきゃと思ってしまう、先

方に迷惑はかけられないと考えてしまう、その責任感によって、いまだに地上にいて一生懸命、配送のお仕事をしているのです。来る日も来る日も荷物を届けるためにトラックを運転しているのでしょう。

その方のお気持ちと成仏できない状況を思うと、やりきれない思いでいっぱいになり、運転しながら泣きました。

いい人だから、真面目な人だから成仏できないという、それが切なくて悲しくて仕方ありませんでした。

その方に届くかどうかわかりませんでしたが、もう荷物は届けなくても大丈夫なのですよ、あれから6年も経っています、6年も配送し続けて責任は十分果たされています、もうトラックを降りてもいいと思います、どうか光のほうへ向かって歩いて行かれて下さい、と心を込めてお伝えしました。

日和山神社（鹿島御児《みこ》神社）・井内八幡神社

「日和山神社」は壊滅的な被害があった地域にある神社です。石巻市です。神社は高台の上なので津波被害は免れたそうですが、激しい地震のせいで本殿の基礎部分に亀裂が何ヶ所か入ったそうです。それで本殿は解体されています。

創建については不詳だということですが、歴史のある神社で、衣冠束帯のような服を着た神様がおられます。本殿が解体されていますから、拝殿のほうにいらっしゃいました。

この神社は境内社のお稲荷さんが強烈に強いです。お社を見て「うわぁー！」と声が出たくらい神格が高くて力もあります。どうしてその神格で

境内社？　と思ったくらいです。

正確には、本来なら強い……です。やはりものすごく疲弊しているのです。スフィンクスみたいなポーズで休んでおられましたが、私を見て立ち上がろうとしました。でも、足がよろよろして立てませんでした。それくらい消耗しています。

このお稲荷さんは回復まで30年もかからないと言っていました。15年くらいだそうです。

「今、願掛けに来てもダメですね？」

「今はどんなに叶えてやりたくても、叶える力がない……」

というわけで、あと9年すれば回復するようです。エネルギーさえ元に戻れば、すごく強い神様なのでバリバリお仕事をされて、願いもガンガン叶えて下さると思います。

今はただ疲れているだけで、神格が落ちたわけではありませんから、神々しくキラキラと光っていました。弾ける白光色に近いのです。波動も驚くほど高いお稲荷さんです。社殿にいる人間の神様が言うには、「山の稲荷だから」ということで、もともとこの山にいたお稲荷さんなのだそうです。お稲荷さんが私を見て、「困っている出来事があるだろう？　それをうまくいくようにしてやろう」と言います。たしかにその時、ちょっとしたことですが非常に困っていることがありました。

「え？　そんな力が今あるのですか？」

と、質問をしたら、眷属が30体くらいよろよろと集まってきました。そしてそれぞれが少しずつ力を出してくれて、そこに神様が自分の持っている力を足して、解決するようにしてくれました。大変お疲れの状態なのに、そこまでして下さるなんて……と恐縮しました。おかげさまで私の困ったことは、数日後、キレイさっぱり消えてなくなり助かったのです。

「神様、遠いのでお礼にもう1回来られないのですけど……」

「礼などいらぬ」

神格の高いお稲荷さんですから、太っ腹です。

今は回復の途中なので、もうちょっと待てば、元のように強大な力を持った神様に戻ります。

「気をつけて帰れよ」とお稲荷さんは最後にあたたかい言葉をかけてくれました。

逆なのに〜、私が頑張って下さいと言う側なのに〜、と、お稲荷さんの優しさに涙がポロポロこぼれます。9年が早く過ぎてくれればいいのに、と思いました。

社殿のほうの神様はとても穏やかなお方で、心地良い波動を発している神様でした。

「井内《いない》八幡神社」も小高い丘の上にあって神社は無事でしたが、目の前の地域は浸水しています。ここは大層さびれた雰囲気が漂う神社で、参拝する人がほとんどいないのではないかと思いました。

社殿の後ろにまわってみると、大きく立派な石碑があります。「天照皇太神」と刻まれていて、天保11年となっていましたから、約180年前の信仰の石碑です。

他にも「山神社」「稲荷社」「八幡神社」「雷神」「天満天神宮」などの石碑があり、狛犬像、小さな狛狐像、小さな大黒像などもありました。

ではお写真を……と大きな「天照皇太神」の石碑の正面に立つと、いきなり黒くてでっかいハチのような虫がカメラの液晶モニターのど真ん中に止まりました。

ひ〜え〜！　と、慌ててカメラをブンブン振り回しましたが、虫は離れません。何回繰り返しても飛んで行かないので、仕方なく勇気を出して手で払いました。

ふぅ、危なかった、では改めてお写真を……と撮ろうとすると、今度はピントが合いません。お願いをしてもぼやけたままで、他のところを撮影しながらあれこれお話をしていると、やっと写せるようになりました。

若干厳しめですが、この「天照皇太神」の石碑には巫女姿の女性が宿っています。

どうやら人柱《ひとばしら》にされたようです。神様にいけにえとして、生きた人を水や土に沈めることを人柱と言うのですが、それは架空のお話だと、私はずっと思っていました。人形とか土偶とか、そのようなものを埋めたり沈めたりはしていただろうけど、まさか生きた人間にそんな仕打ちはしないだろう、と思っていたのです。しかし、巫女姿の神様は人柱にされたと言います。

「人柱って……残酷ですね」と言うと、そうでもない、みたいなあっさりした答えが返ってきました。本人は「私が村人を救うのだ」と、誇らしく思っていたそうです。悲愴感はみじんもなかった、と言っていました。

社殿に神様はいなかったので、神社に関しては詳しいことはわかりませんでした。

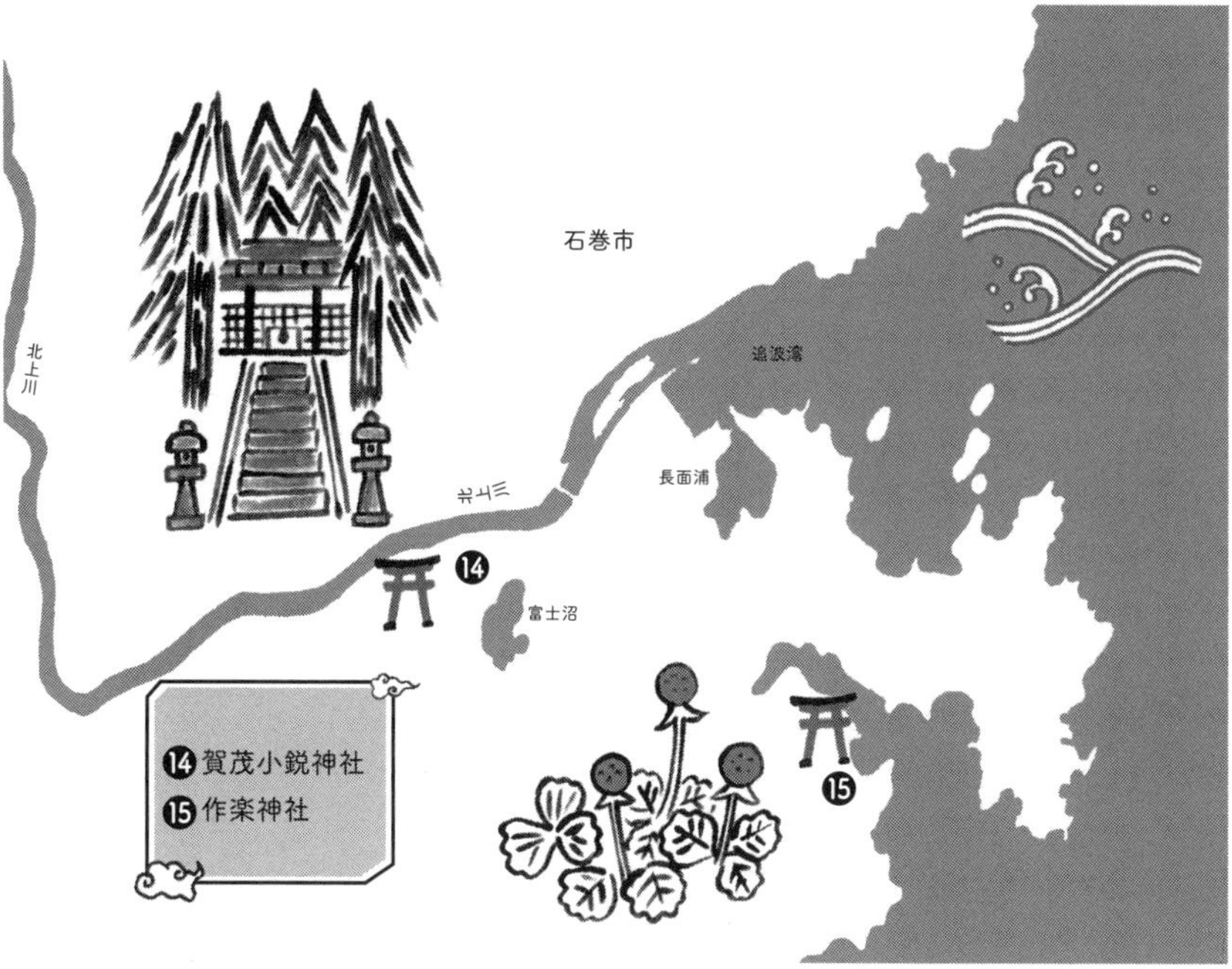

賀茂小鋭神社・作楽神社

「賀茂小鋭《おとの》神社」の前は広く工事中で、神社のすぐ横を流れる北上川の周辺は何もない土地が広がっていました。特に向こう岸は大きな被害を受けたようです。神社は小高い丘の上にあるのですが、一の鳥居をくぐった参道の真ん中あたりまで、山肌がごっそり削られていました。

ここの神様はもともとこのあたり一帯を守っていた氏神様だそうです。人間が修行を重ねて神様になっています。はるか昔の古代人です。疲弊しているので、長く話ができません。神様自身のことをお聞きしたかったのですが、津波の話にしました。

津波が来る時に神様や眷属は、まず高級自然霊および神獣系と、もとが人間系に分かれるみたいです。自然霊や神獣である神様や眷属は、押し寄せて来る津波を止めに行きます。もとが人間の神様は、人間を安全な場所へ導いたり、津波にのみ込まれてもなんとか助かるよう必死で守ります。

自然霊系統の神様と人間が進化した神様の役割が違うのは、神格がどうのこうのという話ではなく、持っている力の質が違うからです。

ここの神様は人間を導くほうで力を尽くしています。津波に体当たりしていないということは、そんなに疲れていないのかな？　と思ったので聞いてみました。
「人間が進化した神様は、自然霊系の神様に比べて、そんなに疲弊していないということでしょうか？」
人間系の神様は大勢の人間を逃がしたあと、余力で津波に立ち向かったそうです。人間を避難させている途中で、背後から津波が襲ってきたため自分が盾となって人間を救った神様もいるとのことです。
だからどの神もエネルギーは極限まで使っている、エネルギーを温存しておこうなどと考えた神は1柱もいない、とおっしゃっていました。

「作楽《さくら》神社」も海辺の小高い丘の上です。海岸沿いですから、神社の前は大きな被害を受けています。津波は参道まで達しているものの、社殿は浸水していません。参道の石段を上がっていると、海側の土が大きく削り取られていました。

神様はかろうじてお話ができますが、姿は見えませんでした。消え入る寸前、という印象です。

「今は皆、疲れている……」とのことです。摂社末社が多くあって石の祠もたくさんあったのですが、摂社末社のどの神様、どの仏様ともコンタクトはできませんでした。今はひたすらじっとしているみたいです。

境内には雑草がはえていて、その真ん中に小さな小さなヘビイチゴがありました。私がそれを写真に収めていると、

「今はそれくらいだ（力が、です）」と言って、弱々しく笑っていました。

境内社の一つ、「山神社」と書かれた赤い鳥居と赤いお社の中には、仏様が浮き彫りにされた石板がありました。かすかに「文化」と読めたので２１０年前のものです。ただ、そのお姿がお地蔵様にしては持ち物が違うし、観音様にしてはお姿が変で……仏様に見えるけど、

もしかして神様？　と謎に包まれた石仏でした。交信ができないので、本当のところはわかりません。

社殿右手から山の奥へと続く道がありましたので、そちらにも行ってみると、少し歩いた場所に「八大龍王」と刻まれた石碑と石の小さな祠がありました。小さな信仰のスペースとなっているのです。

そこは海面からかなり高い位置なのに、貝殻が散乱していました。
この高さまで海水が来たのか！　と、腰を抜かしそうになるくらい驚きました。津波の恐ろしさを、まざまざと見せつけられた場所でした。

南三陸町

とても大がかりな工事を広範囲でしていて、完全に復興するまでには、まだまだ時間がかかるように思いました。それまで見てきた地域も悲惨な被害状況だったのですが、南三陸町はそれを上回っていました。

この町に入ると、もう見渡す限り家屋も何もない……という印象で、かさ上げ工事中の黄土色の土とショベルカーだけが脳裏に焼きついています。全部流されたのだな、と物寂しい気持ちになりました。

仮設の商店街があったので、行ってみました。「南三陸さんさん商店街」という名称です。コンビニ、電気屋さん、パン屋さん、お土産屋さん、魚屋さん、食堂、衣料品店、カフェ、理髪店、仏壇店などのお店がありました。フードコートみたいなところもあって、ゆっくりできるようになっています。商店街は明るくて、何を買おうかな～と楽しみながらブラブラできる、そんな雰囲気でした。

この商店街の中に、「さりょうスタジオ」という写真屋さんがあります。そこでは「南三陸の記憶」という写真展が常時開催されています。震災の詳細は知っておくべきだと思ったので、見学させてもらいました。これが涙なしには見られませんでした。写真の伝える力はすごいです。

津波がすでに家屋を押し流している写真には、4階建ての病院の屋上に数名、手前の3

階建て防災庁舎の屋上に50名くらいの人がいます。次の瞬間、病院の4階部分まで津波が到達し、4階の窓から水が噴き出しています。防災庁舎は水面下に消えていて、アンテナに何名か上ってつかまっている状態になっていました。他の方は流されたようです。

4階建てのほうは大病院です。数人しか屋上に避難していないということは、大勢の方があっという間に流されて亡くなったのではないか……と思いました。防災庁舎のほうも目の前の水がみるみる迫ってきて、気がつくと流されて亡くなっていた、という状況だったように思いました。

後日、調べてみると、病院は公立志津川病院で、4階建ての東棟と5階建ての西棟が隣接していたそうです。避難してきた地域住民を含め、多くの人が5階部分に上がって助かったそうです。

しかし、入院患者109名のうち半数が、自力で歩くことが難しい高齢者だったそうで、42名の患者さんしか5階まで連れて行くことができなかった、と新聞に書かれていました。懸命に患者の命を救おうとして避難誘導をしていた病院のスタッフの方も何名か波にのまれた、ということです。

防災庁舎では、津波は当初6メートルという予想だったため、職員の方は庁舎内にとどまり避難しなかったそうです。防災無線放送で最後まで避難を呼びかけていた女性職員の方も犠牲になられたと書かれていました。屋上に避難した53名のうち助かったのは10名だけで、津波は防災庁舎の屋上から2メートルの高さまで到達したということです。

それらの写真を見ると、胸が痛みます。今さらながら自然災害の恐ろしさを思いました。多くの方が、神も仏もない！　と、それくらい深く絶望されたに違いない……その悲しみは察するに余りあります。

がれきの山になった津波直後の町や人々の様子だけでなく、少しずつ元気を取り戻していく過程、復興に向けて歩む様子などの写真も展示されていました。避難所にお越しになられた天皇皇后両陛下の、被災者とお話をされているお写真も掲げられていました。

もしも、この地方に行かれることがありましたら、この写真館を訪れてみてはいかがでしょうか。目に見えない多くのことを学べるように思います。

ここで販売されていた『南三陸から』という写真集も購入させていただきました。この写真集は1冊につき300円を、また、利益が発生した場合はその全額を、南三陸町に義援金として寄付されるそうです。この写真展のダイジェスト版となっています。佐藤信一さんというカメラマンの方の著書です。

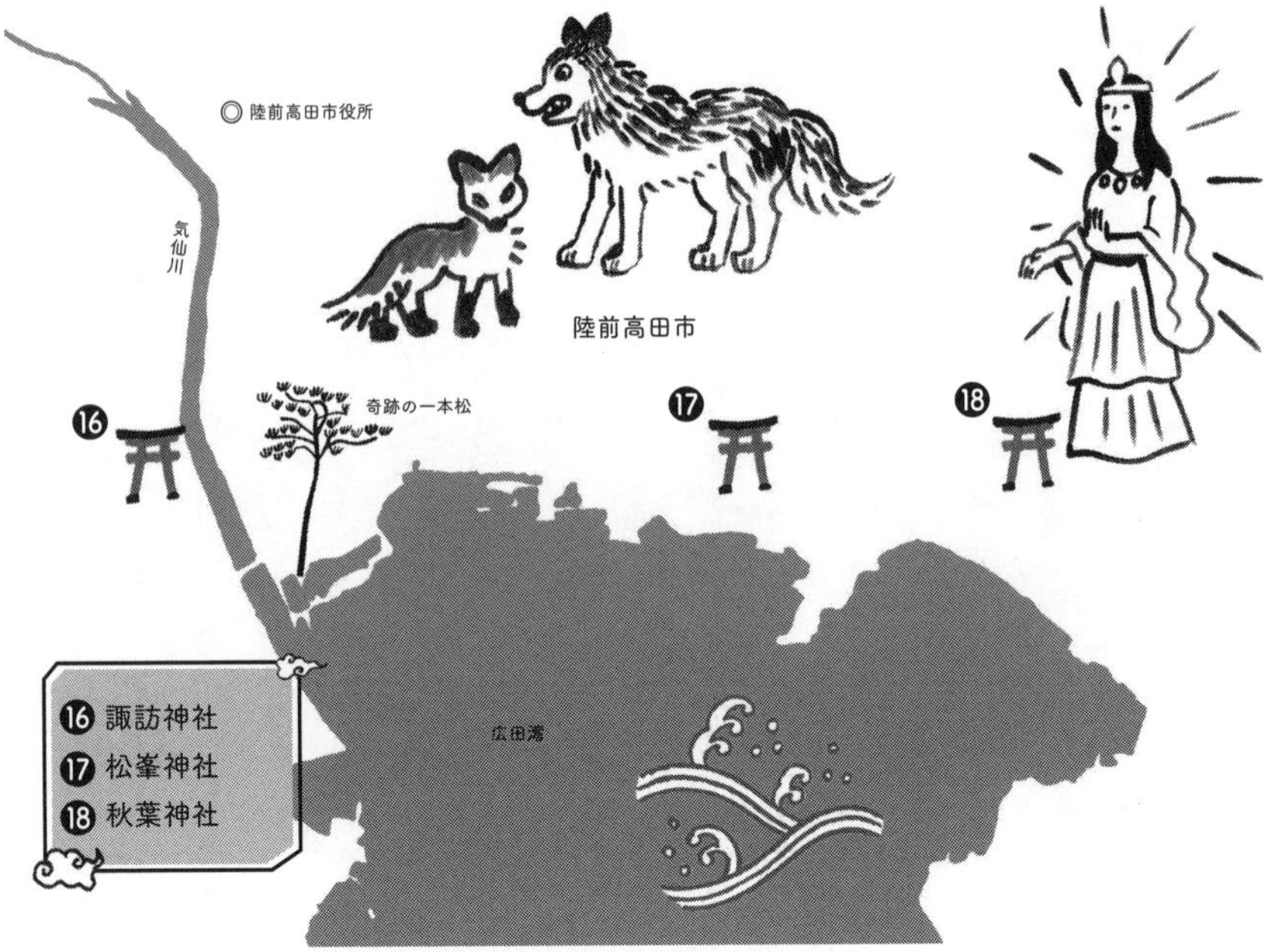

諏訪神社・松峯神社

取材はレンタカーを借りて走りました。ナビは機種によるのでしょうか、情報が古くて、「この信号を右です」と言われても、「え！　信号なんてありませんけど？」ということがしょっちゅうでした。左と言われても左側は更地になっていて「左には道がありません～（泣）」いうパターンも、よくありました。さらにどこも工事中ですから、迂回路をあちこち走っていると、全然違う場所に行ってしまう、ということもあったりして、東北の方は大変だなと思いました。

諏訪神社に行く時もそうでした。この神社の周辺一帯はかさ上げ工事中でフェンスが張り巡らされており、広い工事現場を通り抜けるよう作られた迂回路は1本しかありません。その1本道をみ

第二章
東日本大震災津波到達ラインと神様

んな走っています。道を走行しながら、フェンスの向こうにある神社を見つつ「参拝は無理だな」とあきらめました。

工事車両専用入口の横を通過する時に、入口の向こうへ目をやると、「諏訪神社入口」と書かれた小さな表示がありました。え？　入っていいの？　とハンドルを切ってフェンスの中に入ると、当然ながら誘導員の方に止められました。

「どこへ行かれますか？」というふうなことを東北弁で聞かれました。ちょうどそこから見えていた神社の参道である石段を指差し、

「あの神社に参拝したいのですが……」と答えると、人の良さそうな誘導員のおじさんは、

「ありゃ～、あそこ？　行けるかなぁ？」と言います。この道は奥にある民家に住む人だったら通ってもいいんだけどね、ということもおっしゃっていました。

「すみません。お忙しいところ、お邪魔しました。Ｕターンはそこでしてもいいですか？」

と言うと、

「ちょっと待って」と、少し離れたところにいた別の誘導員の人を呼んでくれました。

あの神社に行きたいんだって、行ける？　みたいなことを聞いてくれ、聞かれたほうの誘導員の方はわざわざ運転席側にまわって教えてくれました。

「行けますよ。そこをね、右折して行くと、またすぐに右折する細い道があるから、そこから行って下さい（標準語に変換しています）」

あたたかみのある東北弁でにこにこと優しいおじさん2名です。

どこの人？　と聞かれたので、関西から来ました、と言うと、「ひゃ～、関西から！」と驚いていました。参拝帰りにお礼を言った時も、「気をつけて」と満面の笑顔でした。

東北の人はあたたかい、という話はよく聞きます。

コンビニでトイレを借りた時も、「トイレをお借りしてもいいですか？」という問いかけに、店員の女性の方はニコニコと笑顔で「どうぞ、どうぞ」と言ってくれました。

笑顔で答えてもらえるということが都会では少ないので、嬉しかったです。さらに2回もどうぞと言ってくれるなんて、なんていい人なんだろう、とも思いました。もちろんお買い物は多めにしておきました。

「諏訪神社」も小さな神社で、小高い丘の上にあります。神社の前方一帯は津波の被害が大きかったところです。陸前高田市《りくぜんたかた》です。

この神社の神様は氏神様で、大昔の人間です。住んでいる人々を含めこの土地が好きで好

きで……と言っていましたから、それでこの土地を守りたい！　と神様になられたようです。

お姿は高齢のおじいさんで、杖をついてよろよろと歩いていました。いくらおじいさん姿でも、杖をついて歩いている神様は初めてです。消耗具合が激しいのだと思います。「おじいさん、大丈夫ですかっ！」と走り寄って支えたくなる、そんなイメージでした。

この神様はもとが人間なので、

「人々を導くほうで助けられたのでしょうか？」とお聞きしてみました。

多くの人が地震によって冷静な状態ではなくなっていて、さらに津波警報で焦る気持ちやパニックに近い精神状態になった人もいたそうです。そのような人には神様の声がほとんど届かなかったと言います。逃げよ、急げ、そっちではない、こっちに行け、と必死で声をかけたけれど届かずの人が多かった……と言っていました。

ちなみに声が届く届かない、という表現は耳で聞こえるかどうかを意味しているのではありません。神様の声が届いた人は、「逃げなきゃ！」と思いますし、ゆっくり歩いていたのに「急がなければ！」と急に思ったり、「避難場所へ行くつもりだったけどやっぱり高台へ逃げよう！」と安全な場所へ逃げる方向を変えたりします。

神様は魂に語りかけているので、聞こえれば魂がちゃんと反応するのです。

一生懸命、多くの人間に働きかけていると津波が来たので、今度はそちらを押さえるほうにも力を使い、力の続く限り頑張られたとのことでした。

参道の石段は真ん中部分が津波で流されていて、その上のところに浸水の水位を示す表示がありました。そこから神社前方を見ると、とても高い位置で、こんなところにまで海の水が！　とここでも信じられない思いでした。神社の前方は見事に何もありません。かさ上げ工事が行われていますが、何もない大地なのです。

神社がある丘の、横の斜面も津波に削り取られて切り立っていました。ご神木が力を出し

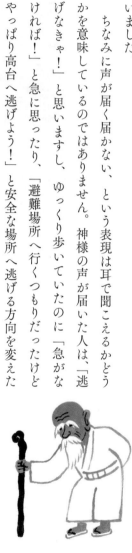

て社殿を守ったようでした。

「松峯神社」も小さな氏神様です。こちらは小高い山といった感じの土地にありました。祝詞を唱えると、見えてきたのはキツネとオオカミです。どちらも歩こうとしているのですが、頭が上げられずうつむいており、背中を丸めてよろよろしています。ものすごーくしんどそうでした。

なぜ、お稲荷さんとオオカミが一緒に見えたのか？　とその部分を聞きたかったのですが、話ができるレベルではないので自粛しました。

拝殿の横にまわってみると、裏にもお社があります。このお社がお稲荷さんでした。つまり、本殿にいる神様は、オオカミ、というわけです。オオカミがご祭神というのは非常に珍しいです。

どういう経緯でオオカミがご祭神としているのか、理由を知りたかったのですが、さすがに質問ができませんでした。この神社にも石碑がたくさんあって、昔からの信仰が貯まっている場所となっていました。

陸前高田市

町に入ると、窓の部分が一切ない鉄筋コンクリート3階建ての建物が目に入ってきます。気仙中学校だそうです。津波が全部壊して流したのか……とその驚異的な津波の威力に目を見張りました。

テレビで見た印象と、現地に行って実際に目で見る印象はまるで違います。映像を見て感じたものより、はるかに規模が大きいのです。そのまま走っていたら、今度は被害を受けた「道の駅」が取り壊されずに残されていました。敷地内に入れるようだったので、寄ってみました。

陸前高田市は、この道の駅や先ほどの中学校、下宿定住促進住宅というアパート、奇跡の1本松とユースホステルを保存しているのだそうです。震災の遺構として記憶の風化を防ぎ、後世に教訓を伝承していくため、と書かれていました。どの建物も、建物内にいた人に犠牲者が出ていないそうですから、「ここでどなたかが亡くなったのでは……」と思わなくても大丈夫なようになっています。

さて、その道の駅ですが、津波がどれくらいの破壊力を持つのか、を目で見て学習できます。損傷具合が想像をはるかに超えているのです。道の駅の向かいには、追悼施設の小さな小屋が作られていました。中には写真や慰霊碑があって、花を手向けられる献花台もありました。すぐそばには「陸前高田復興まちづくり情報館」も建てられていて、中は写真パネルや資料がたくさんありました。ありがたいことにトイレもあります。

道の駅の道路を挟んだ向かい側にはガソリンスタンドがあって、「セルフ」と書かれた大きな看板が立っています。遠くからでも見えるように、大きく高く作られています。その看板の上の辺に「津波水位15・1M」と書かれて矢印が書いてあるのです。ガソリンスタンドの、給油場所の建物の屋根をはるかに超えた高さです。そんな高い位置まで海になったことを思うと、ここでも恐怖を感じました。自分が今立っている場所は、水面のはるか下だったのだ、とイメージできるからです。

下宿定住促進住宅というアパートは5階建てですが、4階部分までは窓もベランダの手すりもすべて破壊されていました。

津波は怖い、もしも警報が出たら、何をおいても高い場所へ逃げなければいけない、と私はこの取材で学習させていただき、肝に銘じました。自宅は海から離れていますが、旅行中とか、用事があって海岸近くにいる時などに地震が来るかもしれません。

今までの私だったら、「津波？　きっと大丈夫やろ、ここまでは来んと思うし～」という軽い考えを持っていたと思います。そんな私を徹底的に戒めてくれました。

保存された遺構を見るのは、ちょっぴりつらい部分もありますが、将来、自然災害で亡くなっていたかもしれない命を救う役目を果たしているように思いました。

秋葉神社（概略地図は112ページを参照）

「秋葉神社」は、こじんまりとした小さな神社ですが、立派な鳥居と石灯籠が建てられていて、

社殿はセルフで中に入れるようになっていました。内部もキレイに整理整頓されており、神様の「気」が気持ち良く流れています。

セルフで数種類のお守りやおふだが買えるように用意されていますし、おみくじも拝殿内で引けるようになっていました。どうぞ心ゆくまで神様とお話をして下さい、欲しいものはセルフで買って下さいね、という自由度の高い神社です。

明和7年と書かれた約250年前の絵馬が飾られていたので、江戸時代から信仰されている神様のようです。

祝詞を唱えていると、女性の神様が出てこられました。巫女さんではありません。白装束を着た神様です。「疲れているがなんでも答えよう」と言ってくれました。

たくさんの疲弊している神様を見てきた私は、どうして神様は人間を救うためにそこまでできるのか……が、まだ疑問でした。

少し前に聞いた子猫や子犬を救うたとえ話で考えると……その子猫や子犬が無垢《むく》な子ばか

り、自分になついている子ばかりだったら、話はわかります。でも実際は、噛んだり、引っかいてケガをさせたり、文句を言ったり、悪態をついたり、自分の存在を全否定してバカにしたりするわけです。自分が死ぬかもしれないというギリギリのその状況で、助けられるものなのだろうか？　と思いました。

しかし、神様は助けるわけです。どうしてそこまでできるのか……ということを聞いてみました。神様の答えは、

「神になると〝自分〟がなくなる」とのことでした。

たとえば人間は持って生まれた本能として、「生き残りたい！」と思います。肉体を保護しようとします。自分という〝存在〟を守る本能です。それは同時に自分という存在がとても大切であると自覚しているわけで、この〝ここにいる大事な自分〟という強烈に自分を意識する部分が人間にはあります。神様にはそれがありません。

人間にはアレもしたい、コレもしたいという夢や欲求があって、それは自分という存在に満足感を与えたい、幸福感で満たしたいという……角度を変えて見れば、〝ここに自分がいる〟ことを意識している心の作用です。神様にはそれがありません。

自尊心や誇り、嫉妬なども、自分という存在を無意識ながらも大切にしているから生まれる感情です。普段は考えていなくても〝自分という存在〟が強くあるわけです。心の中に。

しかし、神様にはそのようなものが一切ないそうです。体を保護しなければいけない、これは神様の場合で言うと存在（エネルギー）を減らさないようにしなければ、という本能がないし、自尊心やプライドなどの〝自分〟という強い意識もないそうです。

ですから、神様は不信心な人がいても、「信じてもらわなくても全然構わない」というサラッとした態度でおられるわけです。「神様なんかいない！」「インチキだ！」と言う人を叱ったりもしませんし、バチを与えたりもしません。人間の自由意思を尊重できるのは、私が！俺が！　という強くこだわる〝自分〟がないからです。

これが人間だったら「私を信じられないの！」「インチキ呼ばわりするなんて許せない！」となるのではないかと思います。大抵の人は怒るでしょう。それは人間に自我があるからです。その自我は、自分という存在が大事、という意識ですから、それがない神様は「自分」という観念がない、というわけなのです。

それで身を挺してでも人々を救うことができる、ということらしいです。

感覚で教えてもらったことを言葉で説明するのは非常に難しいです。うまくお伝えできて

いるのかどうか、不安な部分がありますが……要は、神様という存在は自分にこだわってい
ない、自分と他者（人間）を区別していない、だから人間のことも大切に思っている、とそ
ういうふうに思っていただければ近いかなと思います。

実はこの部分は難しくて、私も１００％理解しているとは言い難いです。う～ん、う～ん
と考えていたら、神様は最後に、

「神になればわかる」と、笑っておられました。

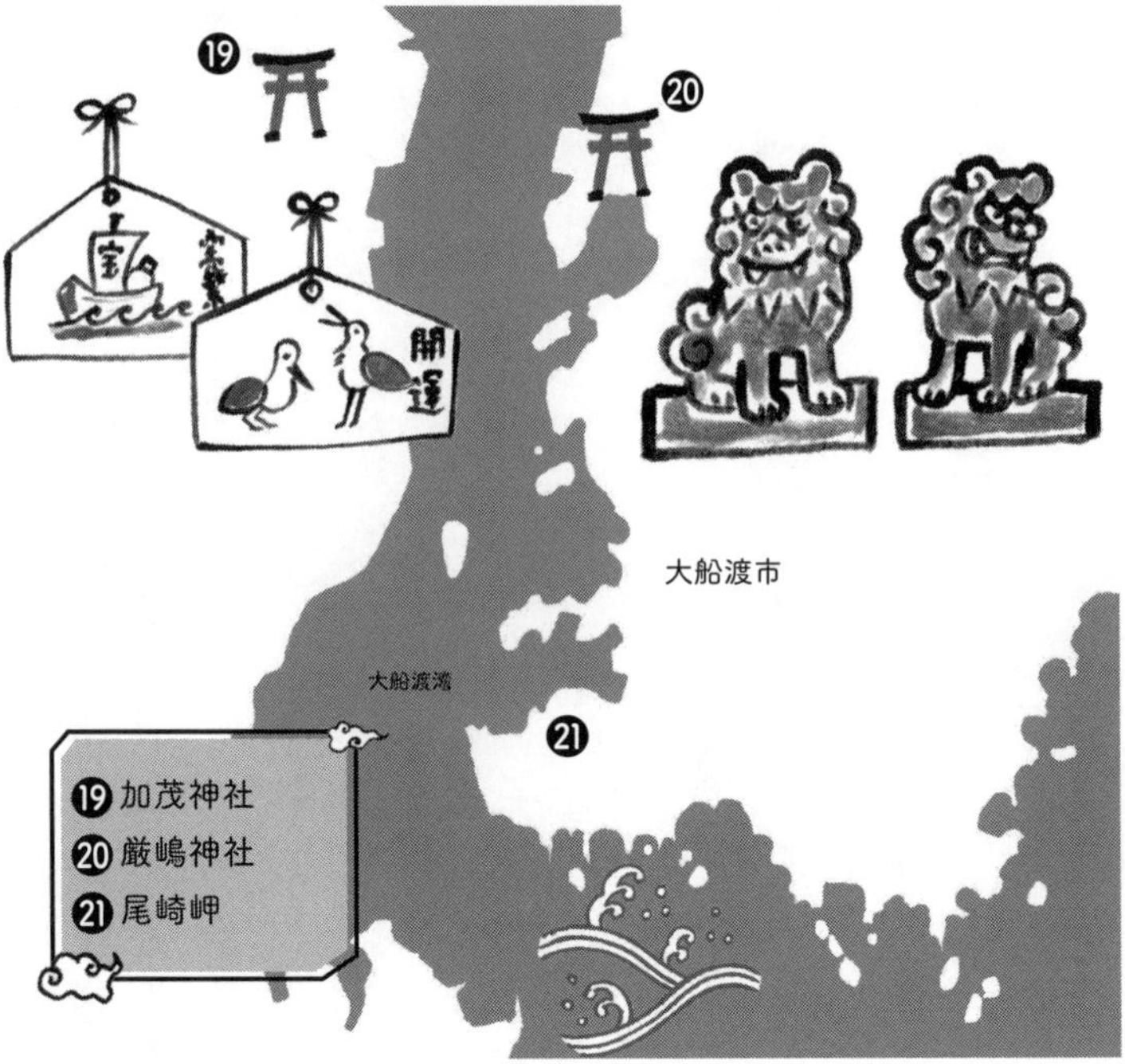

加茂神社・厳嶋神社・尾崎岬

大船渡市にある「加茂神社」も小高い山の上です。駐車場が社殿の脇なので、車を降りてぐるっと前にまわり込むような感じになります。そこにはたくさんの絵馬が掛けられていて、その横を通った時に一陣の風が吹きました。何十枚とある絵馬が一斉に、カラカラカラーッと明るく爽やかな音を立てて風に舞いました。同時に、「よう来たの〜」と、神様からありがたいお言葉をいただきました。

ここの神様は、奈良県にある玉置《たまき》神社の神様と雰囲気が似ています。仙人っぽい優しい神様です。疲労で動けないご様子が見ていてつらかったです。倉庫？　でしょうか？　そのような建物の裏側にはお稲荷さんもいました。お稲荷さんも疲れて

いるので、話はほとんどできません。狛狐の一つに強い眷属が入っていて、普通だと同じような力の眷属がもう一方の狛犬なり狛狐像に入っているのですが、そちらは空っぽでした。不思議に思って、そばまで行って見ると、そちらの像は損傷が激しくて宿るのをやめたみたいでした。眷属も皆、口もきけない状態でした。

お稲荷さんのエリアには石碑も並べられていました。昔は本殿の裏の高い位置にも石碑などがあったそうで、この場所は昔からの信仰心漂う良い空間となっていました。

加茂神社の境内はとても清々しく気持ちが良かったです。仙人っぽい神様はものすごーーく優しいので、もう少しして力が回復されれば、たくさんの人のお願いを聞いてくれて、恩恵もたっぷり与えてくれると思います。

「厳嶋神社《いつくしま》」も小高い山の上にありました。林道を登ると小さなお社があるのですが、お社の前は雑草が生い茂っていました。背の高い雑草がにょきにょ

きと密集して生えていて、私の言葉で言えば、草ボーボーです。その雑草を掻き分けてお社の前まで行きます。

社殿の前には男性の靴が置かれていました。はて？　と思いましたが、草ボーボーの神社ですから、神職さんのものとも思えず……しかも、ちょっとくたびれた靴だったので「誰かの忘れ物だろう」と、社殿の扉を開けました。

その瞬間に、「すっ！　すみませんっ！」と大きな声で男性が謝りました。寝転がっていた男性が慌てて起き上がります。どうやらそこでお昼寝をしていたか、お仕事の合間の休憩をされていたようでした。

びっくりしたのは私も同じで、まさかこのようなさびれた神社に人がいるとは夢にも思わなかったため、心臓が破裂しそうなくらい驚きました。

「うわっ！　こっ、こちらこそ、お邪魔してすみません！　誰もいないと思ったので、開けてしまいました」と謝罪しました。男

性が慌てて持ち物を片付け始めたので、

「あ、そのままゆっくりされて下さい。私の参拝はもう済みましたので。お邪魔しました」とお断りをして扉を閉めました。

あ～、びっくりした、心臓止まるかと思った、とひとりごとをつぶやきながら社殿の横へまわると、さらに上へ上れるようになっていました。

境内の上は展望台になっており、その一角に本殿があります。先ほどの拝殿と本殿は階段で繋がっています。つまり本殿は少し高い位置にあったのです。展望台には「平和塔」があって、大船渡湾と湾を挟んだ向かいの山が一望できます。

ふと見ると、本殿の後方にあたる場所に祭壇らしきものがあります。その祭壇は大船渡湾を背にしてこちらを向いており、石でできていました。「雷神」と書かれた石碑と「なんとか大神」と書かれた石碑の2つを中心に、両脇に石の祠と狛犬が配置されています。不思議なのは、「なんとか大神」と彫られた石碑の下半分は、どう見ても仏様が3体彫刻されているのです。江戸時代あたりに作られたのかなと思いました。

「尾崎岬」へは、尾崎神社を目指していて間違えて行きました。ナビがこのあたりです、と言って案内を終了した場所は山道の真ん中で、周囲に神社などありません。実は、その道路の下方にあったのですが、木々で下が見えず、たとえ見えたとしてもそこからは下に下りる道がなく……その場所から神社に行くことは不可能でした。

山道の途中で案内を終了されてしまい、さて、どうしたものか、と思っていたら、「そのまま進めば良い」と聞こえました。疑い深い私は半信半疑で先へ進んだのですが、何やら山に登っていく木の階段があります。階段の入口にはしめ縄が張られていて、それはつまり神様が上に祀られていることを意味します。とりあえず車を降りて登ってみました。

意外と勾配がきつくてしんどい山道で、こんなところに神様がいるのだろうか……と訝《いぶか》しみながら進むと、枯れ草ばかりの道の両脇に、緑の生き生きとした大きな植物が左右にありました。それは狛犬のような働きをしていて、植物が頑張って狛犬をしているっていうのもいいな〜、となごみました。緑の植物は結界を張っていましたから、そこから先は聖域です。ああ、これは確実にお社があるな、とそこで確信しました。

入口から歩いて15分くらいでしょうか、小さなお社を発見しました。山道はまだ上へと続いていて、上に行けばもっと大きなお社があるように思いましたが、そこの小さなお社でも十分に繋がることができたので、そこでお話を聞きました。というか、そのあたりは聖域になっているので山道でもお話はできます。

この岬にいた神様は山岳系の神様で、いつもは向かいの山にいる、と言っていました。大船渡湾を挟んだ向こうの山、という意味です。そのあたり一帯の山岳系神様です。尾崎岬も神域の中にありますからここで呼んでもすぐに来てくれます。

山にいる神様は津波の時、海の神様の後ろで援護していたそうです。というのは、先ほど書きましたように海の神様の力が一番影響力があるからです。後ろからエネルギーをあげる、みたいな感じの援護のようです。

山の神様は、山を放ってまで津波を押さえには行けないそうです。そこには何かしばりのようなものがあって、守るべき場所は離れてはいけないルールのようなものがあるみたいでした。

龍は天空を泳いで天からエネルギーを取り込んで回復します。山の神様は、山の内部にあるエネルギーを取り込むことができるため、同じく回復が早いそうです。海岸沿いにある山で、山の神様も津波と戦って疲弊していたとしても、他の神様に比べたら回復は早いそうです。

お稲荷さんやヘビ、人間の神様など、天を泳がない、山の神様でもない、そういう神様は自分で回復するしかありません。人間が怪我をしたり風邪をひいた時など、じっと安静にして傷や体を癒すのと一緒です。時間が薬、という感じで回復していきます。

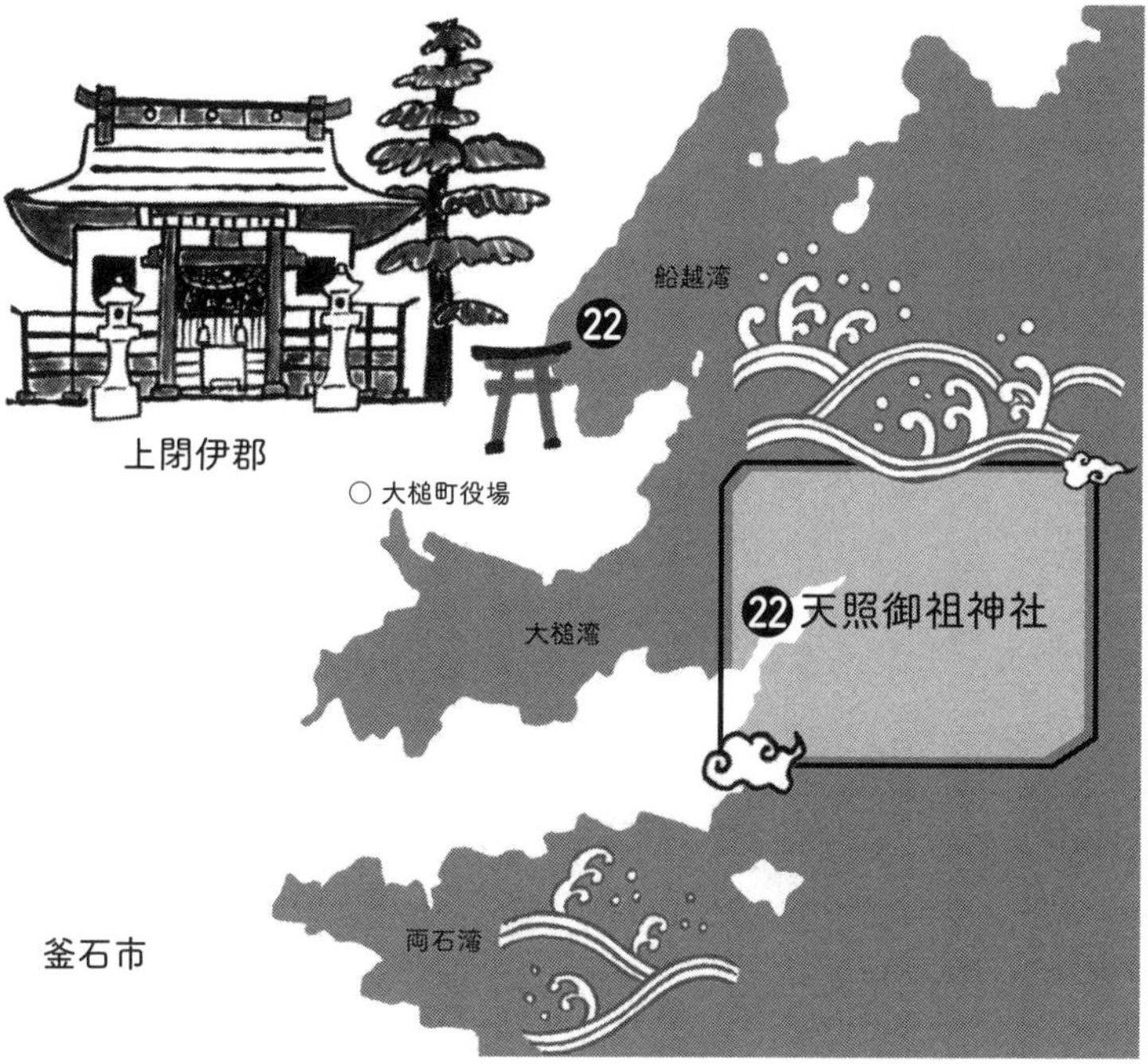

天照御祖神社

岩手県上閉伊郡大槌《おおつち》町にある「天照御祖神社《あまてらすみおや》」は写真が広告に使われていたので、目にされた方も多いのではないでしょうか。

震災後に写された有名な写真は、津波で流されて何もない土地に神社だけがポツンと残っているという、「ああ、神様って本当にいるんだな」と多くの人が感じたであろう光景です。

石段を上って境内が目に入った瞬間に、「ここは残るなぁ」と思いました。境内にはたくさんの石碑が集められています。山の神様の石碑だけでなく庚申塚もありましたし、天照皇大神と彫られたものもありました（104ページの井内八幡神社と「大」の字が違っていますが、石碑に刻まれている通りに表記しています）。小さなお社に入っているお稲荷さんもおられました。

そしてそこにはやっぱり先祖代々からの信仰心が貯金されていました。おじいちゃんやおばあちゃん、ひいじいちゃんやひいばあちゃん、もっと昔の江戸時代のご先祖様、みんながコツコツと信仰をしていた、その気持ちが残っているのです。

それはパワーとは種類がまったく違うもので、「作用」というか、言葉にするのが難しいのですが、「愛の力」みたいなほんわかと漂っているものです。
そのような神社ですが、神様はまったくわかりませんでした。雰囲気は海の神様なのですが、見えず聞こえずで、気配すら感じることができません。
この地区も甚大な被害を受けています。
壊滅的被害を受けた地区にあって、津波をしっかり神社で止めた、しかも小高い丘にある神社ならいざ知らず、平地にある神社なのに……ということを考えると、ここの神様は海の神様としか考えられないです。

しかし、いくら疲労困憊していても6年も経っているので、気配すら感じられないということはありえない話で（海の神様は大きいからです）、もしかしたらエネルギーを補充するために海に戻っておられるのかもしれません。

信仰の力と仏様

以上が、津波到達ラインを南相馬市から北上して見てきた私のレポートです。全部で32ヶ所の神社とお堂をまわりました。

津波の被害に関することは多くの方が語っておられますし、私なんかより詳しい説明をできる方や、地元の方のお話のほうが貴重だと思いますので、こちらに関しては、私はご遠慮させていただこうと思います。

ここまで読んでいただいて、神仏に関する部分もすでに十分おわかりになられたと思いますが、まず仏様のほうは、石碑や石仏などを通して、そこにある昔からの信仰心に力を加えていました。

人間の信仰心には力があります。京都に石像寺というお寺があって、そこは仏様を信じる、敬う、大事に想う、仏様が大好きという、純粋な信仰心が多く集まった境内となっています。ピュアな信仰心がたくさん集まっているため、石像寺《しゃくぞうじ》の境内は聖地となっているのです。信仰心が聖地を作っています。

豊臣秀吉さんは死後、いろいろな不幸が重なって、次元の隙間で苦しい思いをされていました。そのことを『運玉』という本に書いたところ、多くの方が豊国廟《ほうこくびょう》に参拝して下さり、「秀吉さん、頑張って下さい」「応援しています」「お土産です、一緒に食べましょう」と、美しい信仰心を奉納して下さいました。その信仰心により、秀吉さんは見違えるほど輝きを増し、状況が好転しています。

神戸の湊川神社で神様修行を頑張っておられた、楠木正成《くすのきまさしげ》さんの修行期間を一気に縮めて、立派な神様に押し上げたのも、正成さんを慕う人々の信仰心でした（秀吉さんと正成さんのお話は『神様、福運を招くコツはありますか？』という本に詳細を書いています）。

このように〝信仰心〟には大きな力があります。石碑や石仏にはその信仰心が、江戸時代やもっと昔から貯金されています。信仰心が持つ力に仏様がパワーを上乗せして作用させる……そのような方法で津波を押さえる働きをしていました。

仏様はおもに見えない世界を管理されています。物質界を管理するのは神様のお役目です。津波が起こるのは物質界ですから、3次元世界で起こる津波を物理的に止めるのは、神様および眷属ということになります。現実界に作用させる大きな力を使えるのは、断然神様のほうなのです。

災害時における神様の自己犠牲

神様や眷属は、自分の身を削って……自分の存在と引き換えに人間を助けていました。自分という存在を、限界まで削れるだけ削っています。存在が消える寸前まで津波と戦っていました。それは、100％の存在が1％になるという、そんな軽い度合いではありません。100％が0・00000000000000001％いや、それ以下かもしれません、それくらいギリギリまで自分というエネルギーを放出していたのです。

消える寸前の薄い存在にまで落ちますから、そこで無理をすれば……たとえば、残ったエネルギーであと1人助けることができそうだ、と無理をした結果、自分が消えてしまうこともあるわけです。

今、これを書いていて気づいたのですが……もしかしたら、私がわからなかっただけで、消えてしまった神様がいたのかもしれません。現地でそれを知ってしまうと立ち直れないくらいのショックを受けますから、他の神様も私に教えなかったように思います。

震災後、奇跡的に助かった方のお話も新聞やテレビで多く目にしました。

＊ 津波で流された自宅の屋根の上に乗っていて、そのまま海へと流され、3日目に陸から15キロ離れた洋上で海上自衛隊の護衛艦に見つけられて助かった。

＊ 逃げる直前にたまたまライフジャケットを着たために、津波に飲み込まれて一度は沈んだが浮き上がることができて生還できた。

＊ 津波で家ごと川を流されて、家が橋に衝突して破壊され、その後3メートル四方の板の上に乗って、7キロ流されながらも奇跡の生還を果たした。

＊ 自宅へ車で逃げようとした途中、津波に襲われて流されてしまったが、魚市場で使う

大型のプラスチックケースに乗って無事だった。

＊ 車ごと流されてしまったが、濁流の中で切れた電話線を見つけて必死で体に巻きつけ、意識を失いかけながらも、その電話線にしがみ続けた結果、生き残ることができた。

＊ 津波の激しい濁流に巻き込まれたが、目の前に流れてきた一枚の畳にしがみついて助かった。

きっと神様は多くの人々の魂に、早く避難しなさい、こっちへ逃げなさい、と誘導したのだと思います。

津波にのみ込まれた人々には、このまま車内でじっとしていなさいとか、家が流されるから屋根のここに乗っていなさいと魂にアドバイスをしたり、物理的に命綱となるものを探して持ってきたり（うまく目の前に流れてきます）、波間に沈みそうになる人の盾となったり、精一杯救命活動をされたのだと思います。

このように大変尊い自己犠牲をされた神様方ですが、当然ながら人間には気づいてもらえません。そこまでして人間を想うその深い優しさ、大きな愛情、あたたかい慈悲も人間にはわかってもらえません。誰も知らないのです。

しかし、神様や眷属は文句を言うことなく、愚痴を漏らすことなく、ましてや後悔をすることなど微塵もなく……ひたすら回復に専念していました。回復に時間がかかる神様は、動けない、しゃべれない、姿を現せない、というだけでなく、本当に疲れ果てていてしんどそうでした。

できる限りのことをされていて、それ以上は無理だったのですが、救えなかった命が多くあったため、とても心を痛めておられました。きっと、犠牲者の方に「力およばずで、すまない……」と、謝られたのではないかと思います。

それが……私が取材で見た神様に関する真実です。

回復にはもう少し時間がかかりますが、残念ながら人間がお手伝いできることはないそうです。しかし、心からの応援や感謝を伝えに行くと、神様は喜んで下さるそうです。回復されるまでは、願掛けは遠慮して、神様がして下さったことに感謝を捧げる参拝がよろしいのではないかと思います。

第三章 イエス・キリストの真実

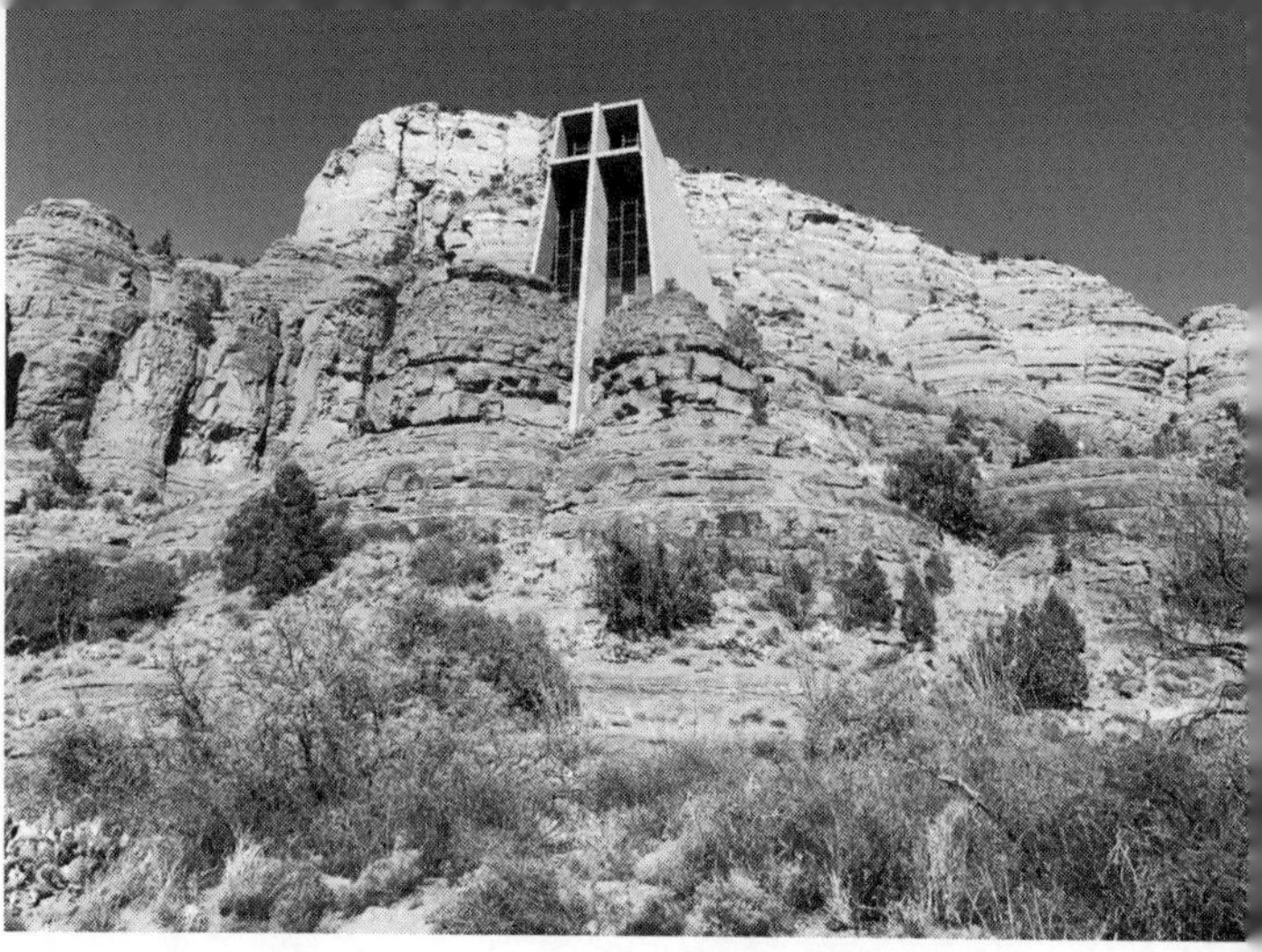

スピリチュアルの聖地セドナにあるホーリークロス教会

アメリカのアリゾナ州セドナに個人旅行で、しかも一人旅で行きました。

旅の目的は、セドナにいるであろう山岳系神様とコンタクトを取ることでしたが（アメリカの神様についてはブログに詳細を書いています）、「西洋の教会にも行きたい」という思いもありました。

外国の教会に入って、ぼ〜っと過ごす時間が私は大好きです。これまで結構あちこちの教会を訪れてきました。しかし、その頃は神様とお話をする能力がまだまだ低かったため、コンタクトをしに行くのではなく、癒されることが目的でした。

そろそろ教会にいると思われる高級霊、もしくはキリストにお話を聞くことができそうだと思ったので、西洋の教会に行きたかったのです。

どうして日本の教会に行かないのですか？　と思われた方がいらっしゃるかもしれません。

日本の教会も西洋の教会も、教会自体に違いはないと思うのですが、でも、やはりどこか、何かが少し違うように感じます（個人的見解です）。

さらに、ここが一番の問題点なのですが、日本の教会だとコンタクトが難しいのです。というのは、日本の教会は初めて行くと、神父（牧師）さんをはじめ、信者さん方がとても歓迎してくれます。ホスピタリティーあふれる場所となっています。

たくさん話しかけてこられますし、説明も丁寧にしてくれます。ポツンと一人ぼっちにならないように、初めて来た人が寂しい状態にならないように、気を使ってくれます。それはつまり、常に誰かとお話をしている状態で、一人きりで時間を過ごすことが難しく……コンタクトは至難のワザというわけです。

では平日に行けばいいのかというと、もしかしたら入れるところがあるのかもしれませんが、一般的には、平日の教会は扉が閉まっています。勝手に入って祈る……ことができないのが日本の教会だと思います。

そこへいくと外国の教会は、常に扉が開放されていて（たまにそうではないところもありますが）、誰でも自由に中に入って祈ることができます。勝手に入って勝手に祈っていいですよ、どうぞご自由に、というスタンスなのです。

一人で静かに祈ったり瞑想したり、どれだけ長い時間そこにいても誰にも何も言われません。話しかけてくる人もいませんから、一人きりで心ゆくまでキリスト教の世界にひたることができるのです。

日本の教会は和気あいあいとした人の輪があると言いますが、コミュニティ度が高く、外国は個人主義を尊重した個人の空間が確保されている、と、そのような違いがあります。ですので、私の場合、コンタクトを取ろうと思ったら外国の教会に行く必要があるというわけです。

日本ではイエス・キリストと呼ばれている人物ですが、私はずっと〝ジーザス〟と言ってきました。クリスチャンである元夫（婚姻は解消しましたが、人生のパートナーとして今でも仲良くしています）も同じように呼んでいます。しかし、本に書くという、公の場で呼び捨てにするのは差し障りがありますし、イエス様というのも私の中では微妙に違和感があるので、この本ではキリストと書かせていただくことにします。

前述しましたように、セドナの神様についてはブログに詳細を書いているのですが、そもそもセドナとはどのような場所なのか、ひとことで言いますと、〝スピリチュアルの聖地〟

です。世界的に有名であり、セドナに行けば人生が変わるとまで言われています。

町はごみごみした感じがなくスカーッと開けたような開放感とエネルギーがあって、赤い砂岩の岩山に囲まれています。この岩山には（全部ではありませんが）神様がおられます。山岳系の神様、地球規模のエネルギーの神様、人間が神様になったタイプ、といろんな神様がいました。

もとはネイティブアメリカンの聖地だったセドナですが、現在はスピリチュアルな町、癒しの町として人気があり、年間に約400万人の観光客が訪れるそうです。

そんなパワーあふれる町のセドナに、「チャペル・オブ・ザ・ホーリー・クロス」という教会があります。町から少し離れた大自然の中にあって、背後にはエネルギーを蓄えた岩山がそびえています。

ここは高い場所に建てられた教会ですから、町なかにある教会とはちょっと雰囲気が違っていて、山の「気」が混じっています。岩山のパワーがもらえる、という特殊な部分がありました。

教会が立っている丘のふもとに駐車場があります。駐車場は丘の中腹、丘の頂上にもあったのですが、丘の頂上は身障者用パーキングになっていました。ふもとからは歩いて10分程度です。高齢者や身障者の方で歩いて登ることが困難な人は電動カート（5人乗りだったと思います）で、上まで運んでくれるサービスがありました。元気な人は歩いていましたから私もふもとに車を停めて歩いて登りました。

教会前は多くの観光客が記念撮影をしています。セドナの人気スポットの一つなので、入れ替わり立ち替わり見学者が来る、といった状態でした。〝教会〟ですので、写真を撮って、ひと通り見学すると皆さん静かにそっと出て行きます。

教会の中は賛美歌のＣＤが流されていて、生の歌ではありませんでしたが、心地良く響いていました。とても良い雰囲気なのです。赤いガラスのカップが、入口や壁際、祭壇の前にずら〜っと並べられていて、寄付をするとこのキャンドルに火をともすことができます。

この教会は一般的な聖堂を思うと、お世辞にも広いとは言えない大きさで、正直、ちょっと小さいかな、と私は思いました。しかし、他の教会にはない特徴があります。窓です。祭壇の後ろが大きな窓になっており、窓越しに日光がサンサンと入って、とても明るいのです。祭壇にはフラワーアレンジメントのような生花と、小さなキリストの像がありました。

観光客がほとんどですから、歩き回って写真撮影をする人が多かったのですが、どの人も音をたてることなく行動していました。そんな中でも、一人で静かに祈りを捧げている人がいたり、ただ座って癒されている人もいました。観光客はサッと見学をしてサッと出ていきます。長居はしないので長時間そこにいると、私一人きり、という時間が結構ありました。

土地的にパワーがある教会ですので、高級霊もしくはキリストとコンタクトしやすいように思いました。

椅子に深く座って深呼吸をし、心を落ち着け、まず、教会という場所が見えない世界とどう繋がっているのか、そこから見てみました。

教会は窓口、十字を切ってご挨拶

結果から言うと、教会は〝キリストの窓口〟になっていました。窓口ですからキリストに道が繋がっています。

そこで、さらに見えたのが、キリストの後ろに1人……というか、後方の上に1柱、神様がついていました。とても大きな神様ですが、絶対神ではありません。今までぼんやりと、唯一無二の絶対神がいて、その下にキリストがいるのかと思っていました。

事実はそうではなく、もっとしっかりしたシステムになっています。後ろに控えているのは、とても位の高い神様です。かなり上の階級のようで、人間の身分ではコンタクトができません。これは私の推測ですが、天空の神々の一人ではないかと思っています。

教会がキリストの窓口なら、窓口からキリストを通せば、この大きな神様のこともわかるかもしれないと思いました。とりあえず、キリストと繋がることが先決です。そこでキリストを一生懸命、呼んでみました。

キリストは上からス～ッと静かに降りてきました。

人間だったお方なので、体の大きさは大体このくらいだろうという目安があったのですが、予想に反して、ものすごく大きな体です。神々しい波動を強く放っていて、キラキラと白く輝いていました。う～ん、表現がちょっと違うかもしれません、空間が白くパーンッと弾ける……弾けさせるような白い感じです。おぉ～、すごい～、と、しばらくそのお姿に見とれてしまいました。

教会の仕組みとしては、祭壇にあるキリスト像が、ご本人への窓口となっています。

この教会は祭壇とその脇にも、十字架に架けられたキリストの像がありました。キリスト像がない教会でコンタクトをしたことがないため、確かなことは言えませんが、像がない場合は祭壇にある十字架が道になるように思います。

「キリスト像が窓口で、そこから道が本人に繋がっている……それは仏教の仏様と同じですね？」とお気づきの方、そうなのです。〝仕組み〟は仏様と同じなのです。

仏様は、仏像に道が繋がっているかどうかで、魂が入っているものと入っていないものとに分かれます。道が繋がっていれば、仏像から仏様本人が顔を出せると言いますか、その仏像自体が仏様となります。ですから、仏像の前で仏様と会う時は、仏像と重なって見えることが多いです。

キリスト像や十字架がキリスト本人と道が繋がっているという〝システム〟は、仏様と同じです。しかし、キリスト像から本人が顔を出すとか、像自体がキリストになるとかではなく、ご本人は上から降りてきました。

つまり、繋がる方法は仏様と同じなのだけれど、〝存在が違う〟ということです。

ご本人がその場所に常時いるのではなく、「道が繋がる仕組みになっている」という時点で、日本の神様とも違います。

宗教が違うから存在が違うのか、もともと違う存在だったのか、そこはわかりませんが、システムは仏教の仏様と同じ、存在は神様に近い、それがキリストなのです。


キリストが目の前に出現している……。

その奇跡のような現象と高波動に圧倒されていた私ですが、ハッと我に返り、「いろいろと教えてもらわねば！」と思いました。しかし、いざお話をしようとしても会話ができません。あれ？　と戸惑っていたら、キリストが笑顔で十字を切る仕草をします。どうやら十字を切らないとコンタクトがしにくいようです。

「へぇぇぇーっ！　そうなんだー！」と、心底驚きました。

十字を切るジェスチャーは形式的なものだろう、と思っていたので、その行為が本当に力を持つことにびっくりしました。早速やってみると会話が可能になりました。不思議です。十字を切るのは一種のご挨拶だろうから、してもいいし、しなくてもいいのかなと思っていましたが、そうではなかったのですね。

祈りを捧げる、もしくは心の内を神様やキリストに聞いてもらいたい、という方は、小さくてもいいので十字を切ったほうがいいです。これで通話状態になるからです。とりあえず、基本的なことから質問しました。

「教会はキリストさまと繋がるための場所なのですか？」

「そうではない」

キリストは穏やかに微笑みながら返答をしてくれました。

教会は、人間がキリストと繋がるために行く場所ではなく、〝キリストとその上にいる神様が愛を与える場所〟だと言うのです。

これは、人間が「愛を下さい」と要求して、「はい、どうぞ」と与える……というものではありません。教会に行けば誰でも（欲しいと思っていなくても）、キリストとその上にいる神様から一方的に愛を与えてもらえる、そのような場所なのだそうです。

なるほど〜、とは思うものの、まだ何がなんだか、よくわかりませんから、質問を重ねます。

「キリストさまの上にいらっしゃる神様はお一人ですか？」

「そうだ」

「その神様は、私にはとても位が高い神様に見えるのですが？」

キリストによると、その神様は人類のためだけにいる〝愛の神様〟なのだそうです。

愛を蓄えた神様と言いますか、〝愛〟が神様の形として存在しているような、そのような神様です。愛でもって全人類をまとめる、束ねる、それがお仕事のようです。ここでも、「はぁ、なるほど〜」と思いましたが、まだ言葉の表面だけしか理解ができていません。

イメージとして見えたのは、神様の両手です。両手で水をすくうようにした、その手のひらの中に入った人々を、1人もこぼさない！　1人も落とさない！　と、包み込むようにして大事に守っています。

この神様は人類だけの、人類のための神様で、エネルギーをどうするとかこうするとか、自然環境を守るとか、そういったお仕事は一切なさいません。キリストはこの神様のお手伝いをしているようです。

初日のコンタクトはここまででした。行ったのが夕方近かったこともありますが、キリストの神々しさに長い間、見とれて癒されていたせいもあります。教会の写真を撮ったり、地下にある売店を見たり、そちらのほうにも時間を割いたので、この日はここで終わりでした。

キリストに会っていた少年の前世

翌日、2回目の参拝（?）に行く道すがら、私は「そうだ！　忘れていた！　前世のことを聞かなくては！」ということに気づきました。

キリストと関係があった前世のお話は、『ひっそりとスピリチュアルしています』という1冊目の著書に書いたので（230頁）、ご存知の方も多いと思うのですが、私の本を初めて読まれる方のためにざっと書かせていただきます（今回は死後に感じた私の後悔も加えています）

エルサレムに生まれた私は男の子で奴隷でした。親に捨てられたのか、売られたのかは定かではありませんが、子供なのに奴隷として働いていました。名前は〝ハンジャ〟と〝アンジャ〟の中間みたいな発音をする名前で、人種は黒髪の中東系です。住んでいたのは、ハッサンという町（通りの名前かもしれません）で、キリストを支援している人の家だったと思います。

その家では、連日人が集まって何やら議論をしています。薄暗い部屋の中で（現代のような照明がありませんから、夜は暗かったです）晩御飯を食べながら、会議っぽいことをしているのです。家の人とお客さんは大きなテーブルで食事をしていて、かなり裕福だったと思います。

私は奴隷ですから、器に食べ物を入れてもらっても、テーブルで食べることは許されません。誰もいない小さな部屋の隅っこにうずくまって（床は土の地面だったような気がします）、素焼きの深皿を抱えてガツガツと動物のように食べています。

少年の私はガリガリに痩せていました。食べているその時の服装は、ターバンみたいな感じで布を腰から股にうまく巻いてパンツにしたものと、上は薄汚れたノースリーブの麻の服です。

ある日、キリストがその家にやって来ました。私は、キリストの泥や砂で汚れた足を一生懸命に洗っています。

するとキリストが、私の頭に手を置いて何か言いました。詳しい内容は覚えていないのですが、何か褒めてくれたような感じです。痩せこけて汚い姿の私が驚いて顔を上げると、キリストが私に、私だけのために微笑んでくれました。

キリストの波動は神様並みに高く、その高波動を持ったまま肉体に入っているので、キリストの周囲の空間は明らかに歪んでいました。波動の影響で暑い夏のかげろうのように、歪んで見えるのです。

キリストのオーラは太陽のように白く眩しく輝いていて、ハッキリ見えました（後光と言われる後頭部のところです）。これは、自分に見る能力があったから見えたのか、他の人にも見えたのかはわかりません。でも、ほぼ物質化しかけていて、触ったら確実に感触があったと思います。

私の頭に置いてくれている手からのエネルギーもすごかったです。明らかに普通の人間ではありませんでした。

次に覚えているのが、処刑場に歩いて行く場面です。キリストは、よく映画や絵画で見るように十字架を背負っているのではなく、静かに歩いていました。私はその時、大人でした。そばには行かず、かなり距離を置いてついて行きました。十字架に架けられたあとも怖くてそばに行くことができませんでした。まだ生きているのか、もう死んでしまったのか、知るのが怖かったからです。

だいぶん前にクリスチャンの方から、私の前世の記憶についてメッセージをいただきました。キリストが活動をしていたのは3年くらいとされています、奴隷だった少年が大人になるには10年はかかったでしょうから、その部分の時間が合いません、という内容でした。

私の記憶だと、少年は10〜11歳で、処刑場では18歳くらいになっていました。それでいくと最低でも7年は活動をした、ということになります。足を洗ってあげた時のキリストは活動を始める前のキリストだったのか？　自分の年齢を間違って思い出すことはないと思うのですが、何かどこか別の人生と混同しているのか……。

うーん、うーん、と考えてみましたが、「いや、やっぱり、キリストが頭に手を置いてくれた時の私は少年で、処刑される時は青年になっていたわ〜」という結論になりました。

この人生を去る時、商売で成功した私は豪華な部屋の立派なベッドに横たわっていて、妻とたくさんの子どもに囲まれていました。肺の病気で亡くなっています。

死んだのち、ものすごく後悔をしました。

奴隷だった頃の私は、人間の扱いをしてもらえませんでした。よく叱られていましたし、汚いとかクサイ、あっちへ行け、みたいなことをしょっちゅう言われていました。その頃は与えられた仕事を一生懸命して、食べ物をもらう……食べることに精一杯でしたから、そのように扱われることは普通であり、当たり前だと思っていました。

しかし、キリストだけは違っていたのです。

差別をするどころか、私の頭に手を置いて何か言葉をかけてくれ、褒めてくれました。大人に笑顔を向けられたことなど、一度もなかった私に優しい微笑みをくれたのです。その微笑みには愛がいっぱい詰まっていました。

自分が死んだのち、どうしてキリストの教えを広める手伝いをしなかったのか……と、それはもう、心から後悔しました。稼いだたくさんのお金で、どうして何もしなかったのか……と、悔やみ続けました。私にはキリストのオーラがハッキリ見え、エネルギーも目で見られるほどに強い霊能力があったのです。キリストの偉大さは本物だと知っていたのです。

それなのに、伝道の道を選びませんでした。

磔刑《たっけい》になったキリストの最期の時にそばに行かなかったのも、そののちに伝道の道に入らなかったのも、保身のためです。下手に活動をして、「お前は、あの時の奴隷じゃないか！」と知られることが怖かったのです。

未来を見ていたキリストの言葉

自分の前世の記憶の確認という意味もあって、2回目にキリストと会った時に、

「私、キリストさまの足を洗ったことがありますよね？」

と、聞いてみました。

「やっと、思い出したか」

キリストはクスクスと楽しそうに笑っています。

私は奴隷の少年だったそのあとに、いくつもの転生をしていますが、他の人生ではこの時のことを思い出していません。「桜井識子」という人生でやっと思い出した、というわけです。

キリストのその言葉の中には、キリストがいる前で前世の確認ができることを、良かった、と一緒に喜んでくれるというニュアンスもありました。前日の参拝では思い出していなかったので、そのままうっかり帰国する可能性もあったのです。

キリストは、「ついに来ることができたか～」みたいなことも言って、感慨深げに微笑み、私をじっと見つめています。それが、本当に優しくて、愛がいっぱいにあふれていて、ああ、そうだ、このお方は人間の時からこうだった、と思い出しました。

「あの時、キリストさまが私の頭に手を置いて、何か言ってくれた、というのは覚えている

のですが、なんと言ったのか内容を思い出せないんです」

そう言うと、キリストはこれ以上ないという愛情に満ちた表情で、あの時、私は少年のお前にこう言ったのだ、と教えてくれました。

「2000年後、お前は私に会いに来るであろう」

それを聞いた瞬間に、そうだ！　たしかに私はそう言われた！　と記憶が鮮明によみがえりました。もうそこからは、涙がポロポロと、あとからあとから流れてきて止まりません。

少年だった私は、その言葉を聞いた時、言っている意味が理解できませんでした。鳩が豆鉄砲を食ったようなキョトンとした顔でキリストを見上げていました。キリストは、そんな驚いている私を見て、輝くように笑いながら頭を撫でてくれたのでした。

あれから2000年が経ち、私はこうして実際に会いに行っているわけで、キリストという人物は想像を超えた偉大な人物だったのだ、と改めて知りました。

少年だった私は一生懸命に足を洗っていたそうです。指の1本1本まで丁寧に、必死で洗っていて、澄んだ心を持った子だったと言ってもらえました。

「でも、私はお金持ちになって、お金を持っていたのに、伝道している人たちを支援しませんでした。そのことをとても後悔しています」

正直に自分の保身が優先だったことを告白しました。

キリストによると、「神仏のお手伝いをする」「神仏のことを人々に伝える」それを実行するのは、その時の人生ではなかった、と言います。それは、今、この人生、なのだそうです。本を書いて伝えるという手段を持っている今、真実を伝えてくれればそれで良い、とも言われました。

私は前世で、キリストの偉大さを知っていながらそれを伝えないことを、このままでいいのか……と、人生が終わるその瞬間までずっと懊悩《おうのう》していました。死んでからは激しく後悔しました。後悔しても取り返しがつかず、本当につらくて苦しい思いをしました。

キリストは、あの時の人生ではなく、今すべきことだから心を痛めなくても良かったのだよ、と言ってくれたのです。この時、心の底から「救われた！」と思いました。大号泣です。

私という魂がこの人生で、こうして神仏のことをお伝えするようになることを、2000年前からキリストは知っていたのですね。だから、2000年後に会いに来る、と言ったのです。やはりキリストは人間でありながら、神様の能力を持った人物だったのです。

〝愛〟の神様の恩恵

さて、そのキリストですが、とっても大きな神様です（繋がる仕組みは仏様と同じですが、存在が神様なので神様と呼ぶことにします）。ホーリークロス教会の内部いっぱいに顔がある感じです。

あの〜、識子さん、その教会の大きさがわからないんですが……という話ですね。えっと、学校の教室2つ分くらいでしょうか。天井は教室の高さの2倍あります。高いです。ですから、空間としてはかなり体積があります。

前世の確認をして大感動し、ベソベソと泣きじゃくって涙でくしゃくしゃになりながらも、「聞くべきことを聞かねば！」と思いました。

まず、教会はキリストとその上の神様から愛をもらう場所、というお話から詳しく聞きました（くどくなるので、「その上の神様」の部分はここから省略します）。

教会に行くとキリストから愛をもらえます。

「両方の手のひらを上に向けて、たくさん持って帰りなさい」と、キリストは言っていました。

これは手のひらから吸い込むという意味ではなく、手のひらで多くを受け止める、そのようにイメージをして、たくさんキャッチをするためです。手をダラッと下に下げているより、多く持って帰ることができます。

教会に来た人には、愛は平等に与えられるそうです。そこで気になったことを質問してみました。

「もしも殺人を犯していたらどうなるのでしょうか？」

キリストによると、たとえ人殺しをしたことがあっても、盗みを働いたことがあっても、悔い改めれば、キリストからの愛は平等にもらえるそうです。

罪は罪で償わなければいけない、とキリストは言います。それは絶対神が厳しく矯正（わかりやすく言うとバチが当たる、です）をするし、死んだあともしばらく苦しむことになります。その償いは必ずしなければいけないのです。私たちが想像する以上にきつい罰です。罪は償わなければいけない、しかし、それはそれで別の話である、とキリストは言います。

「その殺人を犯した人間を神(絶対神ではなく、キリストやキリストの上の神様のことです)が見捨てたら……誰がその人を救うのか？　誰がその殺人犯に愛を与えるのか？」と、言っていました。

どんな罪を犯していても、悔い改めて真面目に生きようとするならば、平等に愛は与える、そこに差別はない、とのことです。

それは罪を帳消しにするとか、忘れてもいいとか、そういう意味ではありません。本人にはつらい償いが待っていますし、犯した罪で自分の魂が傷つき、真っ黒になってしまいます。その魂の傷や黒いシミは、今後自分でなんとかしなければなりません。その部分を助けてくれるわけではないのです。

そのような罪を犯して誰からも愛されなくなった、見向きもしてもらえない、世界でたった一人ぼっち……そんな孤独な状態でも、教会に行けばキリストから愛をもらえる、というわけです。

キリスト、および背後にいる神様の特徴と、ごりやくは、〝愛〟これのみ、です。願掛けをするとか、願いを聞くとか、そういう種類の神様ではありません。愛の神様なのです。愛というエネルギーを底なしで持っている……そういう特殊な神様です。

教会に行くとホッとするのは、〝魂が〟キリストに愛されていることを実感するからです。魂が愛で満たされるから、と言ってもいいと思います。

ホーリークロス教会の中に座っていると、それだけでものすごーく癒されます。心も魂も、です。キリストと話し終えて、愛情をいっぱいに受け取ったら、究極の癒しとも言える、そのまま天に昇って行きそうな、そんな満ち足りた安らぎを覚えました。とっても平和な気持ちでした。愛情に目盛りがあったら、満タンになったことが証明できるのにな〜、と思いました。

アメリカはカップルで行動する人が多く、パートナーと一緒に過ごす人が多いそうです。しかし、パートナーがいない人もいて、そのような人はつらい思いをすることがある、と言っていました。

パートナーがいない人、何か事情があって誰にも愛されていないと感じる人は、キリストのところに行けばいいそうです。キリストが誰よりも深い愛を与えてくれるので、それを全身にいっぱい浴びて元気になれば良い、とのことでした。

重ねて言いますが、道が繋がったキリスト像、もしくは十字架で、キリストと繋がることができます。それは仏様の仕組みと同じです。キリストがあちらの世界に100人も200人もいるのではなく、キリストは1人です。キリスト像や十字架はたった1人のキリストに道が繋がっているかどうか、なのです。

では、キリスト像や十字架があれば、教会でなくても道が繋がっている可能性があるのでしょうか？

キリストの説明によればそこが「祈りの場」だったら、どこでも顔を出せるそうです。教会のような祈るための場所という意味だと思います。

「それが個人の家だったらどうでしょう?」

「行けないことはない」

と、キリストは言っていましたが、あの大きさの神様です、小さな一般家庭は空間のサイズが合わないように思います。熊野の滝の神様が那智大社の社殿に来た時、空間がパンパンでした。空間が壊れそうだと思いました。ですから、教会くらいの大きさの「場」は必要なのかもしれません。

キリストの地上での最大のお仕事

キリストはもともと神様です。地上で生きた人間が修行をして、神様になった類ではありません。上にいる愛をつかさどる神様の伝道のために、もともと神様だったキリストが人間として地上に来たそうです。もとが強い神様ですから、後ろにいる愛の神様の息子みたいなものと言えばそうです。人間として地上にいた時、明らかに普通の人間とは違っていました。

キリストが天からわざわざ地上に降りてきたその目的は、人類にさまざまな種類の〝愛〟

を伝えるためです。人を愛する・奉仕する・慈悲・慈愛、許すことも愛である、など、そのような崇高なことを教えるためだったのです。

「キリストに強い力があったのなら……しかも、神様の息子のような存在だったのなら、どうして磔刑になったのでしょうか？」という質問が頭に浮かんだ方がいらっしゃるかもしれません。

実はそこが、地上でのキリストの最大のお仕事だったのです。

キリストと同時期に生きた人で、キリストの素晴らしさを知っていた人々は、あのような尊いお方が磔《はりつけ》になる……なんとおいたわしいことか、と心を痛めます。自分のことのように本気で嘆き、悲しみ、神様に「どうかお助け下さい」と、一心に祈ります。

キリストが亡くなると、今度は亡くなったキリストのために心から祈りを捧げます。

他人のために一心に祈る……それは尊い行為ですから、その人の霊格が上がります。キリストを思って祈った人々は、そうとは知らずに霊格を上げていた、霊格を上げる行為をさせてもらっていた、ということになります。

その後、キリスト教という宗教ができました。キリストをお手本とした宗教です（ここからは完全に個人的見解です。ご理解いただいたうえでお読み下さいますようお願い申し上げます）。

人間だった時に愛に基づいて行動をしたキリストがお手本ですから、様々な愛の形を学ぶことができます。

私たちも同じように実践しましょう、と推奨されます。キリストと同じ行動をすることで、また、そのような人であろうとキリストを目指すことで、本人の波動も霊格も上がります。

他人のために祈りましょう、と神父さんや牧師さんに指導されますから、人のために祈る習慣もつきます。神父さんや牧師さんに促されて祈っても霊格は上がりますし、自発的に人のためを思って祈る人はもっと霊格が高くなります。

つまり、キリストは、キリストが生きていた時代の人だけにとどまらず、時を超えて現代もそして未来の人の霊格までも、〝上げ続けている〟のです。

キリストがいなかったら、様々な愛の形を知らないまま人生を終える人が多かったと思います。他人のために祈るという習慣も持てなかったかもしれません。せっかくその人が美しい慈悲の心を持っていても、そのような崇高な行為をしなければ、霊格アップには繋がりません。神仏からすれば非常にもったいないことです。

キリストは自分が磔刑になることによって、新しい宗教を作ったのです。それは当時の人だけでなく、現在も、そして未来においても、多くの人々の霊格を上げる宗教です。

2000年もの間、ずっと途切れることなく、大勢の人々の霊格を上げ続けている……キリストが地上で行なったお仕事はこれだったのです。一国だけにとどまらず、世界中……世界の隅々まで2000年間ですから、その人数、規模は計り知れません。

人間は霊格が上がると、悪い考えは持ちませんし、悪いこともしません。人のために喜んで施せるようになりますし、持っている愛ももっと広く深くなります。そのような人が増えていくと、穏やかな社会になり、世界は平和に近づきます。霊格が上がると悪霊などは憑くことができませんから、少しずつ悪霊を駆逐することにもなります。

キリストがされたお仕事は、まさに愛の神様のお仕事だとおわかりになられたことと思います。キリストと上の神様は一人一人の個人を救い、霊格を上げ、ひいては人類を……世界中を愛で満たす、一つにまとめる、という目的でお仕事をされています。壮大な計画です。

日本の神様の愛情

さて、そこで、日本です。

昔の日本に教会はありませんでした。

ですから、日本人はこの2柱の神様（キリストと上の神様）に愛をもらえていません。今でも宗教の違いで、教会に行かない人はこの2柱の神様の愛をいただくことが難しいと思います。

が、しかし……ここは本当にしみじみとありがたい、と思うのですが、日本には日本古来の神様がいます。人類が生まれるはるか前からいる山岳系神様をはじめ、いろいろな種類の神様がおられます。たとえば土地や海にいる高級自然霊、龍やお稲荷さんなどの神獣の神様、人間が修行を重ねて神様になったりと、成り立ちが違う多くの神々がいらっしゃいます。

大陸から仏教が入ってくると、仏様も存在してくれるようになりました。日本は他の国にはない独自の神仏システムになっていて、ありがたい神様と仏様が、それはもうたくさんいらっしゃる国なのです。

山岳系神様やもとは人間の神様を外国と日本で比較した場合、日本の神様のほうが突出して慈悲深いことをアメリカの神様が教えてくれました。つまり、キリストや愛の神様に負けないくらい、日本の神様も愛情が深いということです。

以前からお伝えしていますように、神社に行くと癒される、仏像を見つめていると癒されるのは、神仏からの愛情を〝魂が〟感じているからです。神社の神様も、お寺の仏様も、愛情を惜しみなく与えてくれます。そのことを魂はよく知っているので、神社仏閣めぐりを楽しいと思い、神様仏様大好き！　となるわけです。

「よしよし、よう来たの〜」と、神仏に歓迎され、神様や仏様に愛を大量にいただくので、魂が癒される……これは、教会で愛をいただくことと同じです。

さらにありがたいことに、日本の神仏は愛情を与えてくれるだけでなく、「願い事を叶える」という、もっと愛を感じられることもして下さいます。それは私たちの遠い祖先がお願いをするという習慣を作ってくれたおかげです。祖先にも感謝ですね。

日本はこのようにはるか大昔から神様がいて、神様を敬う習慣があり、神様という超高級霊に愛情をたくさんもらってきているので、キリストはこの地に生まれなかった（降りてこなかった）し、キリスト教がすぐに入ってこなくても大丈夫だったのです。うまくできています。

キリストの愛をもらってみたい方は一度教会に行かれて、感じてみるといいです。地方の小さな教会だと閉まっていることもあるかと思いますし、入りづらい、行ったらたくさん話しかけられる、こともあるかと思います。

おすすめは観光地などにある常時開放されている教会です。自由に入って自由に祈って出られるところです。ただし、入信しない場合は、〝続けて行く〟のは2日、イベントや土日しか開いていないところは2回だけにしておきます（その後1回休んだり、少し間をおくなどして、再び行かれるといいと思います）。

もしかしたらそこで、キリストの愛のほうが心地良いと思うかもしれませんし、やっぱり自分には行きつけの神様の愛情のほうが合う、と再確認するかもしれません。私は日本では神社仏閣にしか参拝せず、外国に行った時だけキリストに愛情をもらっています。

神仏を敬う信仰に決まりはありませんから、好きな神仏に帰依《きえ》するといいです。

神様も仏様もキリストも好き、そういうのもまったく問題ありません。神社に行ったり、お寺に行ったり、気が向いた時に教会に行って種類の違う癒しをもらうのもオーケーです。逆に、ひとつの神社だけに通う、ひとつの仏像をずっと信仰するのもいいと思います。

いつも言っておりますが、信仰に浮気はありません。魂が喜ぶ、そんな信仰を保つことが、より良い人生をつくることに繋がります。

番外編

外国の人や宗教が違う人への供養方法

唐突ですが、私は外国人墓地に行ったことがあります。キリスト教徒のお墓とは一体どのようなものなのか、仏教とはどこがどう違うのかを知りたかったからです。墓地に行くまでは、キリスト教の色と言いますか、特徴がお墓に出ているのだろう、と漠然と思っていました。実際に行ってみると、お墓はお墓で違いはありませんでした。亡くなった人がお墓の空間にいる（常にいるわけではなく、他の場所と行ったり来たりしています）、お墓で故人と繋がりやすいという状態は一緒でした。

違いがあるのは、キリスト教の人は仰向けに寝ている人が多い、ということです。

外国の人の墓石はいろんな形があって、日本のように立てているものばかりではありません。細長い石板が寝かせられている形状もあります。

そんな墓石が一列に並んだところでは、見事にずら〜っと数名が仰向けに寝ていました。私がそばに寄って行くと、むっくりと身を起こして座り、中には立ち上がる人もいて、こちらを見ていました。

うわぁ、起こしてすみません、という気持ちになりましたが、これはぐうぐうと熟睡していたわけではなく、仰向けに寝るポーズでそこにいたのです。

どうしてそのような姿勢でいるのか？　と、帰宅して調べたところ、キリスト教においてお墓は、キリスト再臨後の復活を待つ「眠りの場」とされているそうです。ああ、なるほど、それで皆さん、あのようにして待っていたのか～、とわかりました。

外国人墓地の見学は一人でのんびり、というわけにはいきませんでしたので（係の方と一緒に見学し、説明を聞きます）、残念ながら故人とコンタクトは取れませんでした。次にどこか海外へ行くときがあれば、そこでいろいろと詳しく聞いてみようと思います。

ついでに……と言ってはなんですが、供養についても書いておこうと思います。私の元夫はクリスチャンですし、日本にもクリスチャンは少なくありません。国際結婚をされている方も多いですし、外国人のお友達を持つ方もいらっしゃると思います。

海外にお住まいの方は、教会で、亡くなった人のために祈ると、キリストがその亡くなった人に愛を与えてくれます。それが日本で言う〝供養〟になります。愛のパワーは生きている人間を癒すだけでなく、亡くなった人のサポートにもなりますから、とっても喜ばれます。日本にいて、亡くなった外国人のお友達のために何かしてあげたい、でも教会には行かないという方は、写経をされるといいです。宗教は違いますが、写経で供養をすればちゃんと届きます。

ただし、お寺で〝仏様に奉納するもの〟に限ります。郵送で受け付けているお寺でも、仏様に奉納してもらえるのであれば届きます。いくらお寺で書いた写経でも、自宅に持ち帰った場合は、残念ですが届きませんのでご注意下さい。

毎年毎年多くの人が亡くなるわけで、それでも仏様は間違うことなく、外国人にも届けてくれるのだろうか？　という疑問をお持ちの方がいらっしゃるかもしれませんが、確実に届けてもらえます。

亡くなるということは、現実界から死後の世界に存在場所を変える、見えない世界に戻る、ということです。見えない世界を拠点として活動しているのが仏様ですから、この世界に戻った人のことは全員、把握しています。阿弥陀様やお地蔵様だけでなく、他の仏様……薬師如来様でも観音様でも、空海さんや最澄さんでも、仏様だったらすべて知っておられるのです。どの仏様に写経を奉納しても、ちゃんとその人に届けてもらえますのでご安心下さい。

さらに、亡くなった理由も知っているため、たとえば東日本大震災でなくなった方の供養として写経をした場合も、確実にその方々に届けてもらえます（こういう場合、供養は分割されて送られます）。

その人が外国人でも？　違う宗教でも？　供養になるの？　と思われるかもしれません。

般若心経に乗せたその人を想う気持ちは、たとえ外国人でも違う宗教でも効果があります。般若心経は仏教徒だけにしか作用しない、というものではないからです。

亡くなった人に愛を届けたい、心安らかに過ごしてもらえるよう癒しを送りたい、あちらの世界での格がアップするようお手伝いをしたい……。このような、亡くなった人に対する気持ちを形として、また、亡くなった人に実際に作用する効果があるものとして、あの世にプレゼントをする……それが供養であり、その中の一つが写経というわけです。

亡くなった人を思いながら、心を込めて書いた写経はあたたかい波動を持った、優しい供養として、亡くなった人をサポートします。亡くなった人にとても喜んでもらえます。特に、自殺をした人、急な事故で突然亡くなった人には大きな救いとなります。

個人で心を込めて供養をしたい、そう思った時に、仏教という宗教の方法を使えば、写経になりますよ、と、そういうことです。加えて言えば、生前に会ったことがなくても、たとえ亡くなった人が自分のことを知らなくても、仏様の手で確実に届けてもらえる……そこも写経の良いところです。

写経供養は、受け取る人が信仰している宗教と一致しなければいけない、というものではありません。相手が仏教を信じる・信じない、という精神的なところに作用するのではなく、物理的に効果があるのです。

宗教が違うから効果がないのかな？　と思われて、供養を思いとどまるのは、亡くなった人からすると、しょんぼりしてしまう気持ちになると思います。重ねて言いますが、方法は仏教ですが、仏様が届けてくれる供養の効果は、国籍・宗教・生前に住んでいた場所や距離を問わず、どの人にも作用しますから、宗教が違うことを不安に思わなくても大丈夫、というわけです。

教会で亡くなった人のことを祈り、キリストが届けてくれる愛も、供養としてどの宗教の人にも効果があります。同じです。故人を想う気持ち、それをどの宗教で表現するか、届けるか、その違いだけなのです。

生理と外国の教会

女性の方で、キリストが神様なら生理中に教会に入るのは失礼なのでは？　と、不安に思う方がいらっしゃると思いますので、最後に書いておきます。

キリストは神様ですが、日本の神様とは存在が違っています。ご本人の存在（本体）が、教会にいるのではありませんし、仏様と同じシステムで教会は窓口です。ですから、生理は穢れにならず、というか、キリスト教には穢れというものがなく、生理中に参拝してもまったく失礼にはなりません。どうぞ安心して、お出かけになられて下さい。

閻魔庁
王
ものがたり

桜井識子

ハート出版

閻魔王庁ものがたり

閻魔王庁ものがたり――目次

閻魔王庁ものがたり――登場人物

王庁職員

コウスケ　：俗名、孝助。生まれ変わること135回。今は閻魔王庁で修行の身。新入りで入廷係。

チビ太　：俗名、賢太郎。生まれ変わること138回。コウスケ同様、新入りで入廷係。

司仙　：閻魔王庁職員。コウスケ、チビ太の先輩にあたり、指導係。

閻魔様　：裁判長にして唯一の裁判官。顔は恐いが慈悲深く位も高い仏様。

司命　：書記官。罪人の罪状を説明する係。

司録　：書記官。罪状などを記録する係。

赤鬼　：獄卒。角が一本と二本の者がいて、被告人が逃げないようにする管理役。

罪人

真次（仮名）：　被告人。罪状──殺人。
和夫（仮名）：　被告人。罪状──詐欺。
富子（仮名）：　被告人。罪状──いじめの加害者・間接的殺人。
忠之（仮名）：　被告人。罪状──殺人。

閻魔王庁ものがたり

閻魔王庁に就職

ここが俺の職場になるのか……荘厳なつくりの建物に圧倒された俺は無意識に大きく深呼吸をしていた。職場というと若干ニュアンスが違うのだが、これが最初に抱いた感想である。建物は平屋だというのに天井が異様に高く、3階分はゆうにあった。内部の装飾は豪華絢爛で美しく、壁や柱の彩色文様は古代中国風で色鮮やかである。赤と緑が多用された、芸術的に優れたデザインの内装だった。

そして、その広さたるや、まるでダンスホールのようだった。気持ち良いくらい広々としている。ホールの奥は1メートルほど高く、階段を数段上がるように作られている。段の上は神社やお寺の内陣のようで、貴人のための場所なのだ、とひと目でわかるようになっている。赤い欄干がその内陣とホールの境目として設けられていた。

内陣にはとても大きな机が真ん中にあるくらいで、家具らしきものは他にはなかった。そして不思議なことに、この建物には窓が一つもないのだった。

俺が珍しそうにキョロキョロと観察をしていると、案内をしていた先輩の司仙《しせん》がニヤリと笑った。

「なんだコウスケ、お前、覚えていないのか?」

「え? 俺、ここに来たことがあるのですか?」

「あるに決まっているだろう。人間だったらな」

来たかなぁ? もし来ていたら、こんなに特徴のある場所を忘れるわけがないんだけどな。

「僕はあるよ」

並んで歩いていたチビ太が、子ども特有の高い声で口を挟む。チビ太も俺と同じくこれからここで働くのだが、見かけは幼稚園児だ。身長が1メートルちょっとしかないので、勝手にチビ太と呼んでいる。

「魂の最初の頃ですよ、コウスケさん、覚えていないのですか?」

魂の初めの頃? 過去をずっと遡って考えていたら、魂の奥底にあった記憶が蘇ってきた。

あ! あるある! 俺もここに何回か来たことがある! そして俺は、閻魔様にしこたま叱られたんだっけ……そんなことを思い出しながら、法廷内を見学した。

今日から俺とチビ太が勤務する職場……それは世間一般で言うところの〝閻魔王庁〟、冥界の裁判所なのであった。

どうして閻魔王庁に勤務することになったのか……その理由は、実は俺にも明確にはわかっていない。気がついたら俺は死んでいて……変な言い方だけど、死ぬとはそんなものだ。朝、目覚める時を考えてもらうとわかりやすいかもしれない。ふっと目が覚める。気がついたら目が覚めている。ああ、朝か、と思うあの感じに似ている。

ふと、目が覚めたように気づいて、あれ？　ここはどこだっけ？　と、かたわらを見たら俺の体がそこにあった。そこで思い出した。そうか、俺は崖から落ちたんだった、と。

山登りをしていた俺は、切り立った鎖場で足を滑らせてしまった。とっさのことで腕に力が入らず、そのまま数メートル下の地面に落下したのだ。全身打撲だった。あちこち骨折していたし、頭も強く打っていた。即死だったのかな、とぼんやり自分の肉体を見ていたら、そこに大天狗がやってきた。

大天狗は山の神様の眷属である。

大天狗は俺の前に立つと、

「このまま死ぬか？　それとも生き返るか？　どちらを選ぶ？」

と、聞いてきた。

え？　選択の余地があるの？　即死じゃないの？　と、よく見たら、俺はまだ魂の緒が切れていない状態だった。今だったら生き返ることが可能というわけだ。

崖から転落して死ぬことは、運命として、俺が生まれる前に自分で決めたことである。今世は長生きをしない人生を計画して生まれてきた。だから、このまま死ぬのは予定通りなのだが、天狗は「ちょっと、運命を変えてみる？」と聞いているのである。

天狗ってそんな権限を持っているのか～、すごいな～、と思うかもしれないが、真相はそうではない。天狗の親分は山の神様だ。この山の神様が強い力を持っている。人間の人生の計画を簡単に書き換えるくらい、お茶の子さいさいなのである。

だからここで、生き返るほうを選ぶと、瀕死の重傷だが、誰かに発見されて病院に運ばれ、俺は助かる。

どうしようかな～、と一瞬迷ったが、俺は計画を優先して死ぬことを選んだ。

長く生きる人生が良いとは限らない。寿命を延ばしてもらえることは、なんだかすごい特典のように思うかもしれないが、ハッピーで万々歳とは言えないのである。

俺という人物をもう少し長く味わえる、周囲の人ともう少し一緒にいられる、やりかけていることがあればそれを続けることもできる。しかし、同時にリスクも背負う。余計なカルマを作ってしまうかもしれないのだ。

というのは、計画を変えてしまうと、その先の人生は白紙ということになる。何か、とてつもないことをやらかした場合、本来なら関わっていない人に多大な影響を与えてしまう。決めた寿命内で計画を立てず自由に生きる白紙状態と、寿命外で新たに白紙の人生をくっつけるのとでは、まったく意味が違ってくる。

転生を重ねてきたから死ぬことには慣れているし、俺はまだ大学生だから悲しむ妻や子どもがいるわけでもない。両親には悪いと思ったけれど、予定通り死ぬことにした。やり残したこともなかったし、達成したい夢もなく、この世に特別な未練がなかったのだ。早く帰る計画をしていたから、淡々と生きてきたのである。

生き返るかどうか、天狗は誰にでも聞いてくれるわけではない。自分で言うのもなんだが、俺はかなり霊格が高い。魂の旅が長くて、多くの転生を繰り返し、せっせと善行も積み上げてきた。それで、このような提案もオプションとしてもらえるのだった。

死んだあとはいろいろな行事が待っている。

それはもう、いろいろとあって……忙しいのなんのって大変なのだ。安らかにお眠り下さい、という言葉を弔辞でよく聞くが、死んでからしばらくは慌ただしく時が過ぎていく。この話はまたいつか機会があれば詳しくするとして、閻魔王庁で働くことになった経緯を説明しようと思う。

死後の行事の一つに、守護霊、および守護・サポートをしてきた高級霊たちとの反省会というものがある。いま終えたばかりの人生をおさらいしつつ、あれこれとディスカッションをする。細かい部分まで手を抜かずに話し合うから結構時間がかかる。

その反省会の場に、司仙が来た。司仙は閻魔王庁ですでに仕事をしている先輩で、亡くなった時の姿のままでいるから、見た目は35歳という比較的若い男性だ。

「コウスケ、閻魔王庁で修行をしてみないか?」

いきなりこう切り出されたため、面食らった。俺は司仙を知らなかったし、閻魔王庁の名前は知っていたけれど、修行って何だ? と思った。なんだかよくわからないけれど、面倒くさそうだし、断る気満々で口を開こうとしたその時、守護霊が俺にアドバイスをした。

「仏になって人々を救うことは素晴らしい。私はお前に頑張ってほしいと思う」

え? そうなの? と守護霊を見ると、心なしか嬉しそうだった。そしてこうも言った。

「神になりたいのなら修行が違うが……お前は仏に向いている」と。

つまり、お寺の仏になるか、神社の神になるのかで、進む場所が違うというわけだ。そうかここが分岐点なのか……神も悪くないと思ったが、神社からの誘いはなかったし、守護霊もどちらかと言えば俺は仏タイプだと言っていたから、それを信じて修行をすることに決めた。

チビ太との出会い

司仙について行くと、控えの間と言ってもいいような休憩室があって、そこに幼稚園児が一人、ちょこんと椅子に座っていた。チビ太だ。

司仙がお互いを紹介してくれる。

チビ太は俗名を賢太郎といったらしい。5歳で、病気で死んだそうだ。たった5歳で死ぬのはかわいそうだな、と思ったら、俺と同じく生まれる前から決めていた死期と死因だったと、本人が言っていた。

「しかし、ちょっと親不孝だな。5歳で亡くなるのは両親がきついだろう」

自分も大学生という若さで死んでいながら、つい口から非難するような言葉が出た。あ、やべ、ごめん！　と思ったが、チビ太はあっけらかんとして答えた。

「大丈夫です。両親が生まれる前に、こちらの世界で話を通しているのです。父にも母にも承諾してもらって親子になりましたから。両親の魂は理解しています」

「ふ～ん。お前、5歳なのに、えらいしっかりしているな」

「はい。僕は138回生まれ変わっておりまして、コウスケさんより、3回多いのです」

「え？　何？　多いほうが偉いの？」

「いえ、同じ仕事に就くわけですから、少ないほうが、若干霊格が上ということになります」

「あ、じゃ、俺のほうが偉いのね」

「ですから僕はこうして、コウスケさんに敬語を使って話をしているのです」

そうか、そうか、なるほど。俺はとても気分が良くなり、初めてチビ太に向かってにっこりと微笑んだ。これが現実世界だったら、チビ太にアイスの一つもおごってやりたいところだ。

「お前、小さいのに感心だな」

俺が思わずチビ太の頭を撫でると、チビ太はさりげなくその手を振りほどいた。

「小さいって……コウスケさん、理解していますか？　魂の年齢がこの姿ではないのですよ。死んだ時の姿がこれだというだけで……」

10
11
20
130
1
2
3
4
5
76
98

「チビ太、お前、なんでここに来たの？」

「え？　チビ太って僕のことですか？」

「他に誰がいるのよ？」

「………」

チビ太はたっぷり5秒ほど、黙ったまま遠い目をしていたが、3回も転生が少ない俺に敬意を払ったのか、しぶしぶ質問に答えた。

「僕は2つ前の過去世が僧侶でした。その時に仏の道を歩みたいと思いました」

「へぇ〜！　なんで僧侶の人生が終わった時に修行に来なかったわけ？」

「ほんの少し、カルマが残っていたのです。それを解消するために今回生まれて、余計なカルマを作らないように早く戻ってきました。コウスケさんも僧侶だった過去世があるはずですよ？」

「俺も？　あったかな……えぇっと……ああ、あった、あった、21回も前の過去世だ。って、俺、弘法大師の弟子だったわ」

「えぇーっ！　そうなのですね！　なるほど！　それで謎が解けました。空海様のおかげで、その人生でたくさん霊格を上げることができたのですね。だからそんなにおマヌケでも……

ゴホンゴホン、すみません、口が滑りました。3回も転生が少ないのはすごいです」

とまあ、チビ太の失礼な発言もあったが、過去世に僧侶の人生があれば仏の修行に入る資格があるらしい。その仕組みは、今の俺にはまだわからないが、そのうち勉強するだろう。神になる修行は種類が違うらしいが、俺は仏のほうへ行くからそっちの詳しいことは知らない。

司仙が、名前を決めなくてはいけない、と言う。俗名はここでは使用しないそうだ。自由に決めて良いという話だが、「司」を頭につけた名前の先輩ばかりのようで、説明の最後に「司」をつける者が多いぞ〜、と言っていた。暗に「司」をつけろよ、と言われているようで逆らえない雰囲気だった。

チビ太は「司賢」にします、と電光石火の早業で決めていた。俗名だった「賢太郎」から賢の一字を取って命名したのだ。なんだか頭が良さそうな、キレ者の感じが漂う名前である。

俺だって負けないぞと「孝助」のスケの字を取って「司助」と名乗ることにした。なかなかいい名前だと思ったが、その場で司仙に却下された。読みが「しじょ」ならいいが、「しすけ」はダメなのだと言う。なぜだろう……納得がいかない。

チビ太が、そういう場合は普通「孝」の字を取って「司孝」にするんじゃないですか？

などと生意気なこと言ったので、その案はすでに頭にあったのだがボツにした。

俗名の2文字を使わないとなると、「司」がつく単語で、カッコイイものをそのまま名前にしよう、と俺は考えた。そうだ！「司令官」がいい！なんて素晴らしいひらめきなんだ、と自画自賛で司仙に告げたところ、「名前は2文字！」と、「ハイは1回！」みたいなニュアンスで言われた。どうして3文字はダメなのか……。ここでも納得できなかったが、新入りなので素直に従う。

じゃあ、司会でいいか、司会。これもある意味ユーモアがあってなかなか良い名前だと思う。ゆで卵が大好物だから、大好きなゆで卵の「卵」を取って、「司卵（知らん、とかけている）」も捨て難いと悩んだが、「司会」でいくことに決めた。

「俺、司会にします」

「…………」

司仙は呆れた顔で絶句し、チビ太は、

「コウスケさんって、センスが……ゼロなんですねぇ」

と、なぜか悲しそうに言っていた。2人ともそこは反応が違うだろう、と思ったが……まぁ、いいか。ユーモアって難しいからな。

名前が決定すると、司仙がとてつもなく広い、ホールのような閻魔王庁の法廷に案内してくれた。チビ太と俺は威厳のある雰囲気に押されて、ひたすらキョロキョロと周囲を見回した。過去に来たことがあると、さきほど思い出したばかりだが、その時は建物を見る余裕なんてなかったから、見るものすべてが珍しかった。

閻魔王庁の職員

先に閻魔王庁の詳しい話をしておく。

ここは死後世界の裁判所である。人間が生まれて死ぬまでに、もしも悪いことをしたら、その悪事はここで裁かれる。人間界の裁判では無罪という判決が出ることもあるが、閻魔王庁では無罪はありえない。仏の世界なので、無実の人が送られてくるというミスがないのである。

送られてきた人は全員有罪で、すべて有罪だと言っても、判決だけ言い渡すという機械的に処理をするシステムにはなっていない。悪事を働いた動機、その時の状況、精神状態、育った環境、他人からの悪影響など、多くの側面を仏である閻魔様が親身になって考慮し、判決を下す。

裁判官は1人だけだ。それが閻魔様である。どうして裁判官がたった1人なのかと言うと、閻魔様は位の高い仏様なので、判決を間違えることがないからだ。

閻魔様は恐ろしい顔をしているが、それはわざとだと司仙が言っていた。仏様なので、本来なら優しく柔和なお顔をされているという話だ。しかし、それでは罪人たちがバカにしたり、甘く見たり、なめくさったりするので、仕方なく厳しい表情を作っているそうである。

閻魔様の後方には5人の補佐官がいる。補佐官たちは罪人の人生を漏らさず調べていて、閻魔様に報告をする。その人が何をしたか、何を言ったか、そして何を思ったのかまで、一つ残らず把握している。それも今世だけに限らず、すべての過去世においても熟知しているという。

5人の補佐官は全員ヒゲを長く伸ばしているため、一見老人のように見えるが、概ね50〜60歳ではないかと思う。仏の格と見かけの姿は関係がないから、年齢を言う意味はないのだが、イメージをする時に役立つだろうから、とりあえず言っておく。

閻魔様の前には実務を担当する2名が控えていて、罪状の説明をするのが司命《しみょう》、記録係のほうは司録《しろく》という名前である。この2人はなぜか人間界では有名で、仏像も作られているらしい。補佐官の5人のほうが断然格が上だし、仕事内容も重要さがまったく違うのだが、下界では5人を知らない人のほうが多いみたいだ。俺もまったく知らなかった。

司命は45歳くらいで、司録は100歳かなぁ、いや、もうちょっといっているかもしれない。105は超えていると思う。自由に姿を選べるのに、なんでわざわざ、そんなヨボヨボのおじいさんを選んでいるのだ、と疑問が湧く。

ヨボヨボと震える手でちゃんと記録ができるのだろうか？　と思ったが、そこは仏なので霊力を使って書いているから問題ないそうである。

閻魔王庁には、その他いろんな係の者がいる。人間界の真実を映し出すモニターを出し入れする者や、警備係、補佐官5名と司命・司録には眷属が1名ずついているし、書類を運んだりする下働きの者もいる。人間界のシーンとした法廷とは違って、意外と賑やかな雰囲気なのである。

悪行にはレベルがある

「人間は死後、2つのグループに大別される。悪いことをしなかった者と、した者だ」

司仙が法廷内を細かく案内しながら講義を始めた。

悪いことをしなかった人は閻魔王庁に来る必要はない。死後のさまざまな行事を経て、ゆっくり休養をしたあと、輪廻転生のほうへ行く、霊界で仕事をする、神になる修行に入る、仏になる修行に入る、などに分かれる。

一方、悪いことをした人は閻魔王庁に来なければならない。避けることは不可能で必ず来ることになっている。そして裁判を受ける。

さきほど説明をしたが、恐ろしい閻魔様の前で行われる裁判は、判決だけを言われて、ただそれを聞く、という一方的なものではない。申し開きをさせてもらえるのである。一応、自分で弁護ができるようになっている。

この世界には法律というものがないから、犯してしまった悪い行ないについては、閻魔様が仏としての見地から総合的に判断をする。格の高い仏様なので閻魔様は無慈悲なことはしない。閻魔王庁は、懲らしめるために罰を与えるところではないのだ。本人の反省具合なども見て、判決が言い渡され、その判決は本人が正しく進化していくように考えられている。

そこでチビ太が質問をした。

「悪いことのリストみたいなものがあるのですか？　殺人や強盗をしたらここに来ることはわかりますが、人の悪口を言う、などはどうなりますか？」

司仙は良い質問だと思ったらしく、うなずきながら話を続けた。

「悪いことにはレベルがある」

明らかに悪いこともあれば、判断が難しいものもある。だから、ここまでなら許される、という基準が設けてあるという。その基準より悪い行為をした者は自動的に来るようになっているそうだ。

レベルは〝同じ行為〟の中にも存在する。司仙が詳しく説明をしてくれた。

チビ太が質問をした「悪口を言う」これを例にすると、まず、同僚と飲みながら憂さ晴らし程度に軽く言うものがある。

今日の課長は機嫌が悪かった、どうやら部長に注意をされたらしい、それで自分に当たり散らしたみたいだが、自分には1ミリも非はないため腹が立って仕方ない、納得がいかない、という種類のものである。

独身の同僚が高級時計を購入した、妻子持ちの自分には買う余裕がない、それを知っていながら何度も自慢をする、非常にムカつく、などである。

こちら側は相手に対して何も悪いことをしていないのに、一方的に気持ちを害されると、その処理を自分の中でうまくできない場合がある。処理ができないと、負の感情をいつまでも引きずるし、相手を憎む気持ちが芽生えたりもする。心が黒くなってしまうこともある。

そこで、人に話すという行動に出る。話してしまえば、感情の処理がうまくいってスッキリするためだ。これは心を守る本能のようなものである。

ただし、悪口を言っている間、ずっと追体験をしてしまうため、人によっては悪口を言うほうがダメージが大きかったりする。人の悪口を言ってしまった……という、後味の悪さなどに苦しむ人は霊格が高い証拠だから、悪口は我慢したほうがいい。

悪口は言わないに越したことはないが、この感情処理の種類だったらそんなに悪いものではない。閻魔王庁にも来なくていい。

社会に出たら、理不尽なことは山ほどある。幸い俺は大学生で死んだため、会社勤めをしていない。まわりは親と友達だけだったから、人の悪口はほぼ言わずに生きることができた。いま思うとそれはラッキーだったのだ。

チビ太は5歳で死んだから、悪口は一つも言わないまま戻ってきている。

司仙は説明を続けた。

「感情を処理したくて言ってしまう悪口よりタチが悪いのは、相手を見下したい、貶めたい、ザマーミロと人の不幸を楽しみたいという気持ちから言う悪口だ。優越感を感じたいと言ってもいい」

そんな悪口があるの？　と、悪口に慣れていないチビ太と俺は驚いた。

司仙はちょっと考えてから、「シチュエーションをママ友にしてみよう」と突拍子もないことを言った。ママ友って……俺たち2人と一番かけ離れた設定で、実感としてわかりにくいのでは……と思ったが、先輩の言うことなので黙って聞く。

たとえば、気に入らないママ友がいて、

「あの人の旦那さん、毎晩帰りが午前様だって〜。何してるかわからないよね〜。あの人って、あまりオシャレしないじゃない？　髪なんてボサボサだし。こないだランチにノーメイクで来たのよ、ありえないでしょ。一緒にいるこっちが恥ずかしかったわ。女だったらキレイにしなさいよって話だよね〜」

「あの人のブランド品って、偽物だよ。旦那さんが派遣って言ってたから、本物が買えないんだと思うの。そこまでして見栄を張る必要ある？　負けたくないのかしら？　でも偽物ってバレバレなんだよね〜」

「あの人2人目ができないんだって。かわいそう〜。私なんかポロポロできちゃう体質だから、代わってあげたいわ〜」

など、この手の悪口はさきほどとは逆で、〝相手が自分に何もしていないのに〟こちらの感情で一方的に言う悪口である。

気に入らないから、嫌いだから、自分のほうが優れているという快感にひたって良い気持ちになりたいから……そのような感情から出た悪口だ。相手を不幸と決めつけられる要素を探し、見下すように言う悪口、ザマーミロ感全開で言う悪口、これは良くないそうである。

シチュエーションはいま一つだったが、司仙が言いたいことはよくわかった。

さらに悪口には、もっと悪質なバージョンがあって、それは相手を陥れるために言う悪口だそうだ。

たとえば営業成績でライバルに負けているのが悔しい、あいつのほうが早く出世しそうだ、なんとか失脚させてやりたい！　と、悪意・邪《よこしま》な目的を持って言う悪口である。相手の評判を悪くして降格させてやりたい、できれば自主退職に追い込みたいと思いつつ言う悪口。相手の人生を悪く変えることが目的で言うものだ。陰謀と言ってもいい悪口である。悪口一つにしてもさまざまなレベルがあって、ここに来る人と来ない人に分かれるのである。

そこで俺は気になったことを聞いてみた。

「同じ悪口を言ったとして、そこに人格や霊格は関係ないのですか？　良い人格の人や、たくさん善行を重ねてきた人も、基準は悪人と同じでしょうか？」

「同じだ。行なった行為のみで判断される」

司仙の答えから、基準以上の悪いことをすれば逃れる手はないのだと知った。

閻魔様

「それで僕たちはなんの仕事をするのですか？」とチビ太が司仙を見上げて尋ねた。

「審判を受ける者、被告人と呼んでもいいが……その者を入廷させる係だ」

被告人を法廷に連れていく、それだけが仕事なのだった。張り切っていたわりには与えられた仕事が簡単で拍子抜けした。チビ太も同じ気持ちだったらしく、

「退廷させるのは僕らの仕事ではないのですね？」と、確認していた。

「そうだ。お前たち2人は連れてくる専門だ」

この仕事は入廷係と退廷係に分かれるらしい。新米は入廷させるだけが仕事なのだ。

あとから知ったのだが、退廷させるほうは高度な仕事であった。というのは、罪人を判決通りの地獄の入口まで連れて行かなければいけないからである。地獄は多種多様で、人間界に伝わっているような世界とは違う。複雑に入り組んでいる。うっかり間違えて連れて行ったらえらいことになってしまう。あ、ごめん、間違えた、では済まないのだ。

そうならないように、すべての地獄を覚える必要があり、また、入口と言えどそこは地獄なので、見たくなくても様子がわかってしまう。地獄の厳しい世界を見るため、強い精神を持っていなければ、意外とつらい仕事だそうだ。だから、仏の格が上がってからでなければ、その部署には配属されない。

たしかにな〜、地獄を見るのはイヤだよな〜、と思う。チビ太もそう思ったのか、微妙に眉間にシワを寄せた表情をしていた。

そうこうしている間に、ゴォ〜ンと鐘が鳴った。司仙の表情から笑顔が消える。

今から閻魔王庁が開廷されるのだ。司仙によると、昔は休憩がなく働きづめだったらしいが、今は時々休憩時間があるとのこと。仏の世界も現実界に合わせて変化していると聞いて驚いた。労働条件などが改善されているらしい。

正面の扉から、閻魔様が入ってくる。堂々とした体躯に道服《どうふく》をまとい、頭には冠《かんむり》をかぶっている。見慣れない服装だがなんだかすごい迫力だ。しかも、である。体がでかいのなんのって、2メートルは超えているんじゃないだろうか。恐怖を覚える大きさなのだ。

続いて5人の補佐官と眷属、司命と司録、その眷属たちが続く。列の後方には、なんの係なのか知らないがぞろぞろと数名が続いて入廷する。閻魔様が内陣の中央に座り、他の者たちも所定の位置につく。チビ太と俺が法廷の中央でぼーっとその様子を見ていたら、

「新入りだな」

と、閻魔様が声をかけてくれた。

「はいっ！」

俺もチビ太も気負って大声で返事をした。

「2人とも久しぶりだ」

閻魔様は懐かしそうに眼を細め、

「良い仏になるために頑張りなさい」

と、激励してくれた。そして俺たち2人に向かってにっこりと微笑んだ。

えっ！

えええええーっ！

あの！　閻魔様が！　微笑むとかありなんだ～、と大興奮した。閻魔様はにっこりするとなんとも言えない優しい顔になる。胸の奥にポッと灯りがともって、あたたかい光を放つような、そんな穏やかで平和な気持ちにさせてくれる笑顔だ。仏様なんだなぁ、と俺は感動した。

獄卒たち

司仙と一緒に被告人が順番待ちをしている廊下のようなところへ行く。細くて長い通路状になっているのだが、そこには獄卒《ごくそつ》と呼ばれる職種の者がいて、被告人たちを管理していた。

驚くことに彼らは人間ではなく鬼だった。

鬼が仏の世界で〝働く〟ことに、ものすごい違和感を覚えたが、鬼たちは真面目に仕事をしていた。給料をもらっているわけではないだろうから、そこはやっぱり修行ってことなのだろうか……。鬼が修行……。なんだかしっくりこないのは俺だけではないと思う。修行を重ねたら、鬼から何か別のものに進化するのかもしれない。

鬼はツノが1本の者と2本の者がいる。この部署にいるのは赤鬼という種類なのだろうか、体や顔が赤みを帯びている鬼ばかりだ。その鬼が被告人を叱り飛ばして整列させていた。

司仙に言われて、俺とチビ太は列の一番前にいる男性を法廷へ連れていく。

年齢は45歳くらい、ふて腐れた態度でチンタラチンタラ歩く男だ。仮の名前を真次とする。

俺とチビ太で挟むようにして連れていくのだが、真次はわざと少し後ろからついて来る。めんどくせぇなぁ、だの、俺は悪いことなんかしてねぇよ、だのブツブツ文句を言いながら。

真次はチビ太を見て、「なんだよ、このガキ。ガキのくせに偉そうだな」と言ったかと思うと、いきなりペッと床に唾を吐いた。そして走り出した。逃げるつもりなのだ。

閻魔王庁は広いので逃げてどこかに隠れでもしたら探すのが大変だ。逃がしてしまったら、俺とチビ太の責任になると思った俺は追いかけようとした。

その時、どこからともなく獄卒が数名現れ、猛スピードで真次を追いかけて、あっという間に捕まえて戻ってきた。鬼は……意外にもオリンピック選手並みに俊足なのだった。

鬼に首根っこを押さえられて真次はおとなしくしていた。そりゃそうだ、鬼は爪を切るなんてことはしないから、尖りまくりの獣のような爪を持っている。その手でガシッと首を掴まれているもんだから、痛くて動けないのだろう。というか、動いたら大ケガをする。脱走を試みたということは、真次は閻魔王庁に来るのが初めてだと思われる。獄卒を知っていれば逃げられるわけがないと魂が覚えているからだ。だから2回目以降は皆、黙っておとなしく順番を待つ。

獄卒は法廷の入口まで真次をガッシリと掴んでいたが、そこで手を離した。数名いた鬼は、それぞれの持ち場に戻っていく。鬼は法廷内に入れないからである。なぜかというと、閻魔様のいる……つまり、位の高い仏が居る空間に、鬼は居ることができない。同じ空間に入れないのだ。

鬼の波動が低すぎて入れないのか、鬼という妖怪が仏の前に出てはいけないのか、そのへんの事情は今の俺にはまだわからない。鬼が法廷内に入れないため、入廷係は人間だった修行中の者が務めることになっている。脱走することを考えると、鬼が入廷係をしたほうが合理的なのだが、そういう理由があったのだ。

真次を閻魔様の前まで連れていくと、俺とチビ太は入口付近まで下がる。あとは裁判が終わるまで待機し、退廷係が連れ出す頃に、また新しい被告人を連れてくる。仕事はこの繰り返しなので、楽と言えば楽な仕事だった。

真次の場合　～殺人～

真次の横柄な態度は、閻魔様を前にしてもそのままだった。

「名前は？」

閻魔様が低くて太い声で聞く。真次が俗名を答えると、次は司命が、真次が犯した罪や行なった悪行を一つ残らず読み上げる。

殺人、窃盗などの人間界でも罪となるものが最初に述べられ、続いて行なった悪行が続く。人を平気で裏切ったり、騙したり、とそのような行為がすべて晒されるのだ。

閻魔様の後ろでは必要に応じて、5名の補佐官が代わる代わる閻魔様に耳打ちをする。被告人の魂の経歴に関する細かい報告をするためである。司命の読み上げが終わり、補佐官が閻魔様の後方に下がると尋問が始まる。

「27歳の時に最初の殺人を犯しているが、どうして殺したのだ」

「どうしてって、あいつが俺を怒らせたからだよ」

「何をしてお前を怒らせたというのか」

「俺が歩いていたらよ、あいつがわざとぶつかってきやがったんだ。すみませんって一応言ってたけど、酔っぱらってたから、余計に許せなかったんだよ」

「相手は謝ったのだな?」

「ああ。だけど、すみません、だぜ? 土下座しろって話だろ。そう言うと、やつは土下座して謝った。仕方ないから許してやったさ。だがな、こっちが許してやったのに、やつはすれ違いざま舌打ちをしやがったんだ!」

「それでどうしたのだ?」

「そりゃ腹も立つってもんだろ! 許してやった恩も忘れて舌打ちだぜ? こいつは殴られて当然だと思ったね。ムカついたからボコボコに殴ってやった。そしたら、地面に倒れて、頭でも打ったんじゃねーのかな? そこで俺はその場を去ったから、そのあとのことはわかんねーんだよ。死んだってのはテレビで知った」

「自首しなかったのはなぜだ」

「俺、悪くねーもん。俺を怒らせたあいつが悪いんだ。あいつが怒らせなかったら、俺は殴ったりしてないし、あんなことにはなっていない。自業自得だ」

「彼に対してどう思ったのか」

「へ？　どうも思うわけないだろ。俺を怒らせたあいつが悪いんだからな」

「死んだと知って、どう思ったのか」

「だーかーらー、何回言わせるんだよ、自業自得だって。弱いくせに舌打ちなんかするからだよ。あのバーカ」

閻魔様はそこで小さくため息をついた。

「逮捕されるまでに、もう1人殺しているが、これはどうしてだ」

「あ？　ああ、それも知ってるのか。警察にはバレなかったのにな。それもそいつが悪いんだぜ」

「どう悪いと言うのか」

「深夜遅くに、女が1人でふらふら歩くのは悪いだろ」

説明をし忘れていたが、こうして被告人が状況などを話している時に、仏にはその場面が明瞭に見えるようになっている。人間には理解するのがちょっと難しいかもしれないが、ワープしてその場に行ったかのように目の前で映像が展開されるのだ。

これは本来なら仏にしかできないことなのだが、仏の眷属や俺たちのような修行中の者でも、法廷内で働く者はみんな特別に見えるようになっている。

だからさっきの話も、真次はぶつかってきたと言っていたが、酔っぱらった被害者の肩が軽く触れた様子が俺たちには見えていたのだ。

被害者はすぐさま謝ったが、真次が土下座しろと怒鳴るもんだから、逆らわずに土下座をしていた。何回かその姿勢で謝ると真次は「これからは気をつけろ！」とその場を去ろうとした。去っていくその背後で、被害者が小さく舌打ちをした。

その理由は、土下座によってスーツのスラックスが汚れたためだ。ボーナスで新しく買った少し高価なスーツだったので、汚れたことが残念だったのだ。それで舌打ちをしたのだが、真次は自分に向かってされたものと勘違いをし、激怒したのだった。

このように、仏には真実が見えている。被告人が嘘をついてもすべてお見通しなのだ。

真次は次の殺人では、女性をレイプして口封じのために殺していた。ひとけのない田舎道での出来事だ。殺したあと、事件が発覚しないように死体を山中に埋めている。埋める前に女性が持っていた現金と金目のものを奪っていた。卑劣極まりない犯行である。

「あんなに暗い道を女が1人で歩いていなければ、俺だって変な気は起こさなかった。あの女が悪いんだ。俺は悪くない」

「殺した女性に対してどう思っているのか」

閻魔様の顔がだんだん険《けわ》しくなっていく。

「どうって？　悪かったとか、そういうことか？　別になんとも思ってねーよ。穴を掘るのが大変だったけどな」

このようにして、閻魔王庁の裁判では一つ一つの悪事について本人の動機や気持ちなどを聞いていく。この男は反省どころか、悪いことをしたという自覚がまるでない。他にも多くの悪事を働いていた。悪事を働くために生まれたのかと思うくらいだ。

「お前は貴重な人生を、このような悪事三昧で終わらせた。そのことについてどう思うか」

「どうって、俺、刑務所に入って償《つぐな》いはしたんだぜ？　10年もムショ暮らしをさせられたんだ、死んでまでとやかく言われる筋合いはねーよ」

「お前というやつはー！」

ついに閻魔様の勘忍袋の緒が切れた。大音量の怒鳴り声が耳に痛い。鼓膜が破れそうだ。耳だけでなく、なぜか皮膚までチクチクと痛い。

「反省することもわからないほど、未熟なのかー！」

閻魔様が怒鳴るたびに法廷内に稲妻が走り、ドーンとかバシッという音がする。閻魔様が怒ると大量の雷が落ちるのだった。被告人はその電気を浴びているはずだから、さぞかし痛いことだろう。転げまわって痛がっていた。

バカだなぁ、あんな受け答えをして……と思う。怒った閻魔様は半端なく恐ろしいのである。

「お前は第1地獄行きだ！」ひとしきり閻魔様は真次を叱り、判決を言い渡した。

第1地獄？　一番目って、もしかして一番つらいところ？　あれ？　俺もそこに行ったことがあるような……と、俺はそんなことを考えていた。そこで、司仙が「司会、司会」と呼んでいたのだが、その名前にまだ馴染んでいないため、まったく耳に入ってこなかった。無《む》間《げん》地獄なのか？　阿鼻《あび》地獄とやらなのか？　などと地獄の様子を想像していると……。

「コウスケさん！」とチビ太が袖を引っ張った。

「あ、ごめん」

そうだった、判決が出たら次の被告人を連れてくる準備をするんだった。俺とチビ太は退廷させる係と入れ違いに法廷を出た。

良心の仕組み

俺たちが慣れるまでは、指導をする司仙も一緒に行動をする。歩きながら司仙に聞いてみた。

「第1地獄ってどんなところですか？」

「地獄の説明はもう少し先でしたほうがわかりやすい」

「さっきの男、真次は閻魔王庁は初めてなんですよね？　脱走を企てるということは、そうなのだろうと思ったのですが？」

「そうだ。あの男は人間として人生を送ったのも初めてだった」

へぇー！　と、俺たち2人は驚愕した。

人間の人生が初めて、って人もいるのだな、それって人間できたてってこと？　と、そこまで考えて、まぁ、たしかに俺とチビ太だって、1回目の人生があるわけだしな～、と思い至った。

変な言い方だが、人間できたての人生、つまり転生1回目から数回目までは、倫理観がないに等しい状態だそうである。良心というものがないのだ。

良心は魂が持っている。何千年、何万年、人によっては何十万年もの時間をかけて転生の旅をしてきた魂……その魂が持っているものなのだ。霊格が高くなっていくにつれて良心も高まっていく、とそのようになっているため、ある程度高くなれば、そこからは転生した時の人格や考え方、環境に左右されて善悪の基準が変わることはない。

魂が何度も何度も人生を繰り返し、つらいことや苦しいこと、喜び、悲しみなど、数え切れないほどの経験を積んで、一つ一つ学んできた学習ノートのようなものである。これをしてはいけない、あれをしてはいけない、このような場合はこう行動すべき、など善悪の正しい内容が書き込まれている。

たくさん転生を経験すれば、それだけ項目が増え、内容も細かく充実していく。神仏が持つ基準に近づいていくのである。しかし、反対に転生の経験が浅いと、まだほとんど白紙状態なので、善悪の基準が曖昧である、と司仙は言う。

霊格が低い者でも学校や親に教育をされて、知識として犯罪は犯してはいけないということはわかっている。悪いことをすれば刑務所に入らなくてはいけない、だからやめておこうという考えはあるが、魂が学習していないため、時には悪いことを平気でしたりする。転生の回数が少なくて、わかっていないから大目に見る……なんてことは一切なく、わかっていないからこそ厳しくする、それが閻魔様の愛情だった。

1回目の人生を送る者はほぼ全員が大きな悪行をして戻って来る。先ほどの真次のような感じで悪行を悪行だと理解していない。反省もしていない。反省することすらわからないからだ。魂が学習をしていないから、人としてあるべき姿がわからないのである。

わからないからこそ一番目の地獄に落として、つらい思いをさせ、魂に刻みつけるというわけだ。もう二度と同じことをしないように……。

和夫の場合　～詐欺～

被告人が待機している場所に行くと、次も男だった。今度は和夫と呼ぶことにする。和夫は70歳くらい、並んでいる時からソワソワしていた。俺とチビ太が呼ぶと「ハイ！」と返事をし、歩き出す。歩きながら、チラチラと俺とチビ太を交互に見て、俺に話しかけてきた。チビ太は見かけが幼稚園児なので話が通じないと思ったようだ。

「これって、閻魔様の前に行って裁判ですよね？」

「へ～、覚えているんだな。そうだ、今から裁判だ」

「あ～、嫌だな、また地獄に送られるんだろうな～」

和夫は深いため息をついた。そしてこう言った。

「僕、前回は第48地獄だったんですよ。これがもう、つらくてねぇ……」

「そうか、48番目でもつらいのか……」

「つらいってもんじゃありませんよ。この世の終わりみたいなところです。あ～、今回はどこに落とされるんだろう……」

だったら悪いことをしなければいいのに、と思うが、人間として生まれたら、こちらの世界の記憶は全部封印されてしまう。第48地獄でつらい体験をした記憶を持ったまま生まれたら、悪いことはしないと思うが、なぜか持って行けないようになっている。前世の記憶も持って行けない人がほとんどだ。だからまた、つい悪行をしてしまう者が出てくるのだ。

しかし、魂の学習ノートである良心にはちゃんと書き込まれている。悪行をしてはいけない、と。したがって悪行をしようとした時に、チクリと良心が痛んでいるはずなのだが……和夫はそれを無視したのだろう。

ビクビク怯える和夫を連れて法廷に入った。

閻魔様の前まで行くと、俺たち2人は後ろへ下がる。

「お前は……また来たのか」

「ハイ……すみません……」

和夫がオドオドと俗名を答える。

「ここに来るのは何回目だ?」

「11回目です」

そこで司命が、犯した罪や行なった悪行を読み上げた。今回のメインの罪は詐欺だった。振り込め詐欺と呼ばれるものだ。高齢の女性に、息子のふりをして電話をかけて、金銭を無心するというやつである。40代前半のまだ若かった和夫が見えてきた。

和夫はその詐欺が世間に知れ渡る前に、荒稼ぎをしていたのだ。大金が手に入る、と悪い友人にそそのかされて始めたのだが、面白いように騙せるので、次から次へと犯罪を重ねている。人を騙したお金で遊び、贅沢三昧の日々を送っていたが、逮捕されて刑務所に入れられた。そこからの人生は散々だった。

「騙した高齢者に対してどう思っているのか」

「悪かった、と……思っています」

閻魔様はギロリと和夫を睨み、

「本気で悪かったと思っていないだろう！　なぜ、人の心がわからないのか！」

と、大声で叱りつけた。稲妻がドーン！　ゴロゴロと落ちる。

「わ、わかっています、悪かったと反省しています」

頭を抱えてビビる和夫を見て、閻魔様は「鏡」と言った。

下働きの者が大きなモニターを和夫の前に設置する。これは浄玻璃鏡《じょうはりのかがみ》といって、昔は本当に鏡だったそうだが、今はモニターになっている。被告人はこのモニターを通してでなければ、地上の様子を見ることができない。和夫の前に置かれたモニターには、和夫が騙した高齢者の一人の、人生が映し出されていた。

夫を早くに亡くし、食堂で働きながら子どもを2人育てた女性だった。貧乏だったため節約を余儀なくされ、つましく生きてきた。子どもが独立して、年金暮らしになったが、もらえる年金は雀の涙である。切り詰めた生活をして、お金を貯めていた。

自分の葬式代、死んだあとの家を片付ける費用、仏壇代、お墓の代金としてコツコツ貯めたお金だった。そこに和夫が電話をかけている。息子のふりをして。

交通事故を起こしてしまった、相手が怖い人だからすぐに300万払わないと命が危ない、などと言われれば、母親は愛する息子のためにお金を出す。300万円も用意できないんだよ、と答えると、和夫はいくらなら払えるのか聞いていた。230万円、と女性が正直に貯金の総額を言うと、和夫はそれでもいいと言って、全財産を奪ったのだった。

友達を寄越すから、と言う言葉を信じた女性は、やってきた和夫に全財産入りの封筒を渡した。事件が発覚したのは、それから数日後のことだった。

大事なお金、何十年もかかって貯めたお金を騙し取られたと知った女性はショックで寝込んでしまう。自分の不注意を何度も責める。後悔しても、し足りない。バカな自分が許せない。と、同時に先が不安で仕方がない。そのような精神的苦痛とストレスが長く続き、うつ病になってしまったのだった。そしてそのまま亡くなっている。

何も悪いことをしていない女性にこのような仕打ちをした和夫である。

和夫はそのお金でギャンブルを楽しみ、飲み歩き、夜の街で派手に遊んだ。その映像もくまなく映し出された。

「すみませんでした……」

和夫は自分がやったことの罪深さを理解したようで、声を震わせて謝った。

「お前の母親がこの女性だったらどう思うか」

そう言われた和夫はしくしく泣き始めた。和夫の人生は、母親に迷惑をかけっぱなしの人生だったのだ。学生時代からお金をせびり、警察のお世話になったことも1回や2回ではない。逮捕されて肩身の狭い思いもさせている。逮捕後も何かとお金をせびり、お前なんか産まなければ良かった、とまで言われていた。

しかし、300万円用意しないと命が危ないとなれば、母親はきっとどこからかお金を工面したに違いない。子を思う親心とはそういうものだ。それを踏みにじった犯罪を和夫はしていたのだった。

「もう二度と、悪いことはしません。この償いは次の人生で必ずします」

そう言いながら和夫は泣いていた。どうやら心から反省したようだ。

「次の人生では、ここに戻って来るな！　わかったか！」

「はい」

「お前は今回も第48地獄だ」

「はい」

「地獄の苦しさ、つらさを忘れるでない。魂に刻んでおけ」

「はい」

こうして和夫はふたたび第48地獄に落とされたのだった。

つらい仏修行

その後も俺とチビ太は、いくつもの裁判を経験した。

犯罪はありとあらゆるものがあった。目を覆いたくなるような事件もあり、それを見なければいけないことは正直きつかった。だから修行になるのかもしれないが……。

人間界では犯罪にならないことでも、仏から見るとひどい悪行となるケースもあった。人を裏切ったり、わざと傷つけたり、言葉や態度で子どもを虐待したり……。どうしてせっかく人生というチャンスを与えてもらったのに、そのようなことをするのだ、と見ていて悲しくなることもしばしばである。

閻魔様は優しい仏様である。

けれど、被告人にその素顔は決して見せない。なめてかかる者がいるからだ。大声で怒鳴るのも、憤怒の形相も、その人間を思ってのことなのだ。腹が立つから、嫌いだからという理由ではない。

本当のところを言うと、閻魔様は仏様だから怒ったりしないのである。あの恐ろしい顔は無理して作っている。悪行を繰り返して戻って来る者を哀れに思っているので、本心は、優しくわかるまで諭したいと思っていることだろう。しかし、それでは彼らが矯正されないのである。それで仕方なく、脅かしているというわけだ。

閻魔様も大変だな、と俺はちょっぴり同情している。

俺たち仏は……って、俺はまだまだ修行中の身だが、「悪いことをしよう」と、ふっと思う……その心に入り込んだ「魔」が憎い。魑魅魍魎《ちみもうりょう》、悪霊、悪魔と呼び方はいろいろだが、すべて似たようなものである。神仏とは正反対の存在だ。そういうものが、心の隙間にふっと入り、そそのかすのである。

「魔」に負けないようにするには、高い霊格になるしかない。そのために、閻魔様は日々怒鳴り、叱りつけ、恐ろしい顔を作っている。

言い忘れていたが、自殺者もここに来る。自分という人間を殺したからだ。自殺をすると、一定期間、死んだその場にとらわれてしまう。かわいそうだが、これは霊界の掟《おきて》なので仕方がない。とらわれの期間が終わると成仏して、ここに来るのである。

「なぁ？　チビ太、お前どう思う？」
「どうって？　何がですか？」
「この仕事よ。ずっと悪行ばかり見なきゃいけないだろ？　俺さ、時々、へこむんだよ」
「あ〜、わかります。僕も時々、人間ってどうしてここまで悪いことができるのだろう、って悲しくなります」

「だよな～。被害者の心の中まで見えるから、つらくてたまらない時があるよなぁ」

「あります、あります。でもコウスケさん、修行をやめないで下さいね」

「えっ、なんでわかったの？」

「顔に書いてあります」

「幼稚園児にそう言われると、傷つくかも……。俺、意外と繊細なのよ。もう少し頑張るけど、思っていたよりきつい仕事だな」

「仏になる修行の一つですからね、簡単ではありませんよ。僕もつらくなる時がありますけど、仏になって、こういう人を救おう！　って思っているんです」

「へぇ～、お前、小さいのに感心だな」

「いや、だから、姿と魂の年齢は別だって……何回言えば……。ま、いいか。僕は仏になったら、悪行を犯してしまうような人間に、もっと寄り添ってあげたいと思っています」

「ほ～。って、それ、どういうこと？」

「今までの裁判を見ていて、被告人は、愛情が足りていなかった人が多かったじゃないですか。そういう人に、仏は愛を持って君を守っているんだよ、仏は君のことが好きなんだよ、いつもそばにいるんだよ、一人じゃないよ、って伝えたいのです。仏が自分のことを大事に思っていることを知れば、もしかしたら悪いことはしないかもしれません」

「おぉ～、チビ太、お前いいこと言うなぁ。そうだな、それはいいな。少しでも悪行を減らせるかもしれない。人間界がちょっと明るくなるかもしれないな」

「この仕事に就いて、僕、本気で仏になりたいと思いました。コウスケさんも一緒に頑張りましょう。修行はつらいですけど」

「そうだな、チビ太が1人増えるより、俺も一緒に2人増えたほうが、容量は多くなるしな」

「ん～～～～～、若干、意味……不明ですが……まぁ、そういうことです」

「よし、俺も頑張るよ！」

「コウスケさんって、本当に単純……ゴホンゴホン、口が滑りました。純粋なんですねぇ」

「俺、俄然、やる気が出てきたぞー！」

「って、人の話……もう聞いてないし……」

「行くぞ、チビ太！」

富子の場合　～いじめ～

次の被告人は女性だった。富子と呼ぶことにする。

富子は人間界の法律に触れることはしていない。だから生前は犯罪者ではない。だが、富子の心は真っ黒だった。

閻魔様の前まで連れて行くと、富子は俗名を名乗り、司命の読み上げが始まった。司命が読んでいる悪行の内容がそのまま見えて、場面がどんどん展開していく。

富子の人生をひとことで言うと、いじめの人生だった。被害者のほうではない。加害者としての、いじめの人生である。

それは小学校高学年から始まっていた。同じ仲良しグループ4人のうちの1人に、ある日突然、嫌悪感を持った。その子はおとなしい子で、いつも3人の後ろをついて来るだけで、意見をすることもなくにこにこと黙って聞いているような子だった。富子は、会話も面白くないし、ちょっとどんくさいからイライラするんだよね、と日頃から思っていたが、口にはしなかった。しかしその日は、なんだかムカつくー！　という感情が抑えられず、

「あの子、ムカつかない？　私らの悪口をよそで言っているらしいよ。サイテーだよね」と、他の子に耳打ちをした。もちろん後半部分は作り話だ。

そこからいじめが始まった。時々無視をする程度のいじめが、どんどんエスカレートして

いき、いじめられた子は心に傷を負って登校しなくなった。富子は反省するどころか、勝負に勝ったような、そんな爽快感を味わっていた。

富子は中学校でも高校でも同じことをした。気に入らない子を標的にして、あることないことを言いふらした。時には、「あの子、私のことを悪く言ってるみたい」と、しょげて見せ、相手が自分をいじめる、というふうに話を作ることもあった。その手を使うと、富子に同情した子がいじめをさらに過酷にするので、楽しくて仕方がないのだった。

いじめられている子が教室で、ポツンと一人ぼっちで小さくなっている姿を見ると、なぜかザマーミロ！　という気持ちになって気分がスッキリした。かわいそうだと思ったことは一度もなかった。

大学ではチクチクと意地悪をする程度で、大きないじめはしていない。なぜなら彼氏ができたからである。恋愛をするほうに夢中だったため、他のことはどうでもよかったのだ。就職をしてしばらくすると、富子は彼氏にふられ、そこからまた、心が暗闇の世界に入っていく。

富子にも言い分はあった。最初に友だちをいじめた小学生の頃、富子の家庭環境は複雑だった。両親は早くに離婚をしていて、富子は母親に引き取られた。数年たつと、母親の彼氏が同居をしたが、母と彼氏は籍を入れていない。なぜなら彼氏は子どもが大嫌いで、富子のことを疎ましく思っていたからだ。

彼氏は定職につかず、お金をあまり持っていなかったので、母親の収入だけで生活をしていた。経済状態も良くなかった。富子がいじめた子は、裕福な家の子か、もしくは両親に愛されておっとり育った子だ。いじめの原因はコンプレックスにあったのである。

富子の母親は働きづめで、毎日疲れていた。富子がいるせいで再婚ができないのだから、富子に愛情を注ぐどころか、邪魔だと思っているふしさえあった。富子はその原因となった母親の彼氏を憎み、母親のことも愛せなくなり、家庭では孤独だった。それが心を暗闇へと向かわせた一因である。

就職をした富子は、しばらくおとなしくしていたが、新入社員が入ってくるといじめを開始した。自分よりも若い子が気に入らない。男性社員にチヤホヤされている様子を見るだけで、憎悪の念が湧く。人に愛情をもらっているその子が許せないのだった。

富子はある意味、いじめるプロなので、他の女性社員を巧妙にそそのかす。他の社員はうまくコントロールされていると気づかないまま、いじめに加担するのである。そうやって自分の味方を増やし、じわじわといじめをエスカレートさせていく。結果的に、いじめられた新入社員は辞めていき、負け犬が尻尾を巻いて逃げた、と思うと幸福感すら覚える富子であった。

結婚後は同居していた姑をいじめて追い出し、ママ友集団でもいじめ、PTAでもやったし、パートの職場でももちろん気に入らない同僚をいじめた。全員が面白いほど目の前から姿を消す。息子が結婚すると嫁もいびった。年を取っても意地悪は改善されず、老人会でも標的を決めていじめた。

司命が読み終えると、悪行をすべて映像で見ていた俺たち職員から、深いため息が漏れた。いじめられた側の気持ちや状況、その後の様子なども見えるからだ。富子は数え切れないほど多くの人間を傷つけ、その人たちの人生を変えていたのである。

閻魔様は問いただすことなく、すぐに「鏡」と言った。大きなモニターが富子の前に置かれる。映し出されたのは、今まで富子には見ることができなかったいじめられた人々の姿である。いじめがトラウマになって外出ができなくなり引きこもってしまった人もいれば、心の病気になって苦しみ、なかなか完治しない人もいた。

性格が暗くなる、人を信じることができなくなる、同じように意地悪になる、など人格が変わった人も少なくない。どの人もなんらかの後遺症を抱えていて、一生それを引きずった人もいた。

軽い気持ちでいじめた初期の罪が1だとすると、時間とともに2、3、さらに4へと、罪がじわじわと大きくなっていく。被害者の心の傷が徐々に深くなっていくからである。それが人に意地悪するということなのだ。

富子の場合、いじめを苦に自殺をした被害者も1名いた。これは間接的な殺人であり、殺人よりももっと罪は重い。なぜなら……善良な人に自殺という罪を犯させるからである。

自殺をした人は、幸せな人生を送る予定だった。閻魔王庁に来るような霊格ではなかった。しかし自分を殺してしまったため、罪を犯したこととなり、閻魔王庁に来なければならない。本来、罪を犯さない人に罪を犯させるという……それは大罪なのである。

「あの人は自分の意思で死んだのです。いじめられても死なない人もいます。心が弱くて自分の意思で自殺という罪を犯したのに、どうして私のせいにされるのでしょうか」

「お前がいじめなければ、死のうと思うことはなかった」

「私がいじめたから、気持ちが落ち込んだのはわかります。でも、死のうと思ったのは本人で、本人が自分で選択しています。私が死を選べ、と言ったわけではありません」

「選んだのは本人でも、そのような気持ちになる状況を作ったのはお前である」

「同じ状況でも死なない人もいるんですよ?」

「死ななければ、お前にはなんの罪もないと思うのか? 心の病気になったり、人格が変わったり、人生そのものが変わってしまった、それらのこともお前の罪だ。自殺だけではない」

「じゃあ、それは私の罪でもいいです。でも、その人たちが私に与えた不快感も罪だから、その人たちも公平に罰して下さい」

閻魔様は憤怒の形相で言った。

「反省もできないのか」

「反省してます! でも私だけが悪者っていう理屈はおかしいです! おかしいことには抗議します!」

「お前ほど真っ黒な心になった者は、死んですぐ悪霊どもに暗黒界へ引きずって行かれるのが普通である。お前は悪霊になるところを、うまく逃れることができたのだ。わかるか、その幸運がいかに大きいか」

「…………」

「それは、お前がいじめたおしてきた嫁や孫が、負の感情を持つことなく、お前のために供養をしているからだ。その供養がお前を救った。嫁は真心を込めてお前のために毎朝、あたたかいご飯とお茶を仏壇に供えているのだぞ」

富子は驚愕の表情を見せた。きっと自分は憎まれていると思っていたのであろう。

「お前はすでに、いくつかの地獄を経験しているのにまったく進化していない。第1地獄からやり直しだ。人としての基礎を学んでこい！」

第1地獄と言われて富子はがっくりと肩を落とした。

地獄の世界

入廷係という仕事に慣れてきた頃、休憩時間を利用して司仙が俺とチビ太を地獄ツアーにつれていってくれた。そこで俺は地獄の仕組みを知ることができた。

人間界に伝わっている話では、人は六道（天道・人道・修羅道・畜生道・餓鬼道・地獄道）に生まれ変わるとされている。最下層の地獄道には8つの地獄があり、そこでは火に焼かれたり、体を切り刻まれたり、体をすり潰されたりする。そんな残酷極まりない世界、それが地獄ということになっている。

昔に描かれた地獄の絵を何枚も続けて見ていると、気分が悪くなるというくらい、地獄は凄惨な場所とされてきた。絵を見た昔の人は、こんな残忍な獄卒がいる地獄に行くのは嫌だ、と悪行を思いとどまる……そんな役割を果たすのが地獄であった。

では、実際のところはどうなのか、というと地獄はたしかにある。

その地獄には番号が振られていて、1番から150番まである。番号が大きくなるにつれて、徐々に苦しみが減っていく。つまり、1番が最もつらい地獄なのである。

1〜100番は、肉体がつらい地獄になっている。昔の絵と同じような世界が広がっていると言っても過言ではない。じゃあ、やっぱり残酷なのですね、と思われるかもしれないが、そうではない。

たしかに体が切り刻まれたり、焼かれたりするが、それは本人が錯覚を起こすような仕組みになっているのだ。本当に焼かれているわけではないのである。しかし、本人にすれば熱いという実感があるし、痛いから苦しむ。恐怖もある。

あまりにもつらいその苦しみの中で、「もう二度と悪いことはするまい」と、心に誓う。涙ながらに決心する。改心したところで責め苦は終了し、その後は倫理観や道徳観を徹底的に学ぶ、学習期間へと移行するのである。

地獄の100番までは、先に肉体の苦しみが与えられる。痛みがなければ改心する気持ちが芽生えない者がたくさんいるからである。第1地獄が最高に濃いもの、たとえば100%果汁ジュースだとすると、2番、3番と上がっていくにつれて徐々に希釈される感じになる。100番になると、水？　というくらい薄まっているのだ。

体に与えられる責め苦（錯覚だが）が、少しずつ軽くなっていくと、倫理や道徳を学ぶほうも、たとえば第1地獄が100年だとすると、第2地獄は99年に、第3地獄は98年に、とこちらも合わせて減っていく。

101〜150番には肉体の責め苦がない、心の地獄である。自分がしたことを被害者の身になって体験し、被害者の苦しみを味わう。さらに、どうして自分はこのようなひどいことをしたのか……という悔悟《かいご》の念にも苦しまなければいけないという地獄だ。ある程度霊格が高くなれば、肉体の責め苦は必要がないので心の地獄に落とされる。

自分で自分を責める地獄は、想像をはるかに超えた苦しみがあって、俺は第1地獄より第101地獄（心の地獄の最下層）のほうがつらいのではないかと思っている。チビ太も同意見だった。

145番からは「反省室」のようなものだ。地獄と呼ぶのはちょっと違うのだが、一応、地獄のカテゴリーに入っている。ここでは、各々、自分の心と向き合い、反省をする。獄卒もいなければ、監視する者もいない。必要に応じて指導する者だけがいる地獄である。

第150地獄などは、反省が終われば自分から地獄を出られるようになっている。つまり、自分だけで心を正せる霊格の人のみが入れられる地獄なのである。早い者は人間の時間で言うと、1時間もいないのではないだろうか。霊格が高い者がうっかり悪行を犯してしまったような場合はここになる。

自殺をした者は145番と、これも決まっている。自分を殺すという罪を犯してしまったが、他者に危害を加えていないので地獄では反省だけとなっているのだ。しかし、閻魔王庁に来るまでに、長い時間亡くなった場所にとらわれているため、そこでの時間が地獄ということになる。

死んだ時の激痛はそのまま延々と続き、空腹であり、のども渇き、それなのに誰にも助けてもらえない。いつまでも死んだ理由に苦しめられる。たとえば、仕事がつらい、というのが原因だったら、死んでもなお仕事がつらいという気持ちから解放されず、つらい、つらい、と苦しまなければならない。

つらさから逃げるために自殺をしたのに、結果は逆になる。周囲は真っ暗闇で何もわからず、ひたすら孤独なのだ。成仏するまでの長い時間、このとらわれの世界から抜けられない。

それが自殺なのである。

地獄は霊格の学校

仏の修行に入れたおかげで、地獄が持つ本当の存在理由を俺は知ることができた。

地獄は罰を与える、ということが目的で存在するのではない。罪を償う場所でもない。罰を与えるだけ、罪を償うだけだったら、再び地上に生まれた時に同じことをしてしまう。

地獄は、霊格の学校のようなものである。

霊格が上がるように仏がサポートする機関なのだ。人間として魂の歩みを始めたばかりの者はどうしてもまだ霊格が低い。それは誰かが親身になって指導をしなければ、向上しない。低い者はもっと低いほうへ、楽なほうへ流れていく傾向があるので、放っておいたらいつかは悪霊となってしまい、世界は悪霊だらけになる。

悪霊たちのエネルギー源は、人間の真っ黒い心であり、低い感情、良くない行ない、残虐な行為などとなっている。悪事を働く人に取り憑いたり、低いほうへ流れやすい人に取り憑いて、悪感情を持つように、また、良くない行ないをするように仕向けたりもする。

強盗や殺人などの大きな悪事だけが好きなのでなく、人を貶《おとし》める、妬《ねた》む、裏切る、陥《おとしい》れる、ひどい悪口を言いふらす、人の不幸を面白がる、なども悪霊は大好きなのである。

そのようなことをする可能性がある人間に「悪いことは楽しいぞ」「もっとやれ」とそそのかし、人生が悪行で終わるように取り憑くのだ。救いようがないほど真っ黒になってしまうと、死んだ瞬間に、悪霊に引きずられてそちらの世界へ行ってしまい、悪霊と化す。そのような事態になってしまわないように、閻魔学校では、毎回、人生が終わるたびにクリーニングしている、というわけである。

閻魔学校には魂の歴史が浅いうちは何回も来ることになる。そのたびに閻魔様に叱られて、地獄で矯正・指導され、少しずつ霊格を上げていく。仏に一歩ずつ近づいていくわけである。そして、いつの日か卒業する日が来る。

卒業すればかなり霊格が上がった魂となっていて、生まれ変わっても悪いことはしない。まだ霊格が低いうちは悪いことを探して行なうような部分があるが、霊格が高くなると逆に良い行ないをしたいと思うようになる。善行が自然にできる、そのような人物になっている。

仏がこのように一人一人を見捨てずに導くのは、慈悲深いからという理由だけではなく、人間に愛情を持っているからだ。人間はバカなこともするし、間違ったこともする。けれど、仏が長い時間をかけて導けば、いずれは輝くような仏にもなれる日が来るのである。

そのことを人間自身は知らないが、仏は知っている。だから閻魔様も無理して叱り飛ばし、怒鳴りつけ、なんとしてでも霊格を上げてやろうとしているのだ。

俺もチビ太も閻魔学校は第1地獄から出発した。何回も被告人としてここへ来た。悪いことがどう悪いのか理解できていない時代もあったし、人のことまで考えられないという霊格が高くない時代もあった。たくさんの罪を犯して、後悔して、反省して、霊格の階段を一段一段上ってきた。そして今は仏の見習いとして修行を積んでいる。

判決を受けてうなだれて去る被告人に、俺は「頑張れよ」と心の中でエールを送っている。地獄を体験することは決して罰ではない。魂の歴史が浅い者を正しい道に戻す唯一の方法なのであり、閻魔学校はありがたい機関なのである。

お供え物でひと休み

「おい、新入り！　おすそ分けだ」

休憩時間に、司録の眷属が美味しそうな饅頭を俺とチビ太に一つずつくれた。

「ありがとうございます！」

俺たち2人はハモってお礼を述べ、さっそく饅頭を頬張った。

「美味しいですね、コウスケさん」

チビ太は幼稚園児らしく、ニコニコしながら食べている。

「俺さ、生きている時は甘い物、好きじゃなかったんだよ。なのに、仏の修行に入ったら大好物になったんだよな～。不思議だな」

「仏は甘い物と果物が好きなのですよ」

「え？　それ、決まってんの？」

「はい」

「あ、そうなの？　俺が人間だった時の好物はゆで卵、ってことはさっき言ったな、えーっと、それとなんだっけかな……あ、ラーメンだ！　ラーメンが大好きだったんだけどなぁ」

「今、食べたいと思いますか？　ラーメン」

「ん～～、いや、思わない。饅頭のほうがうまい」

「でしょ？」

不思議だ。俺は饅頭だの羊羹だの、食べたことがなかった。まずいと思っていたからだ。

スナック菓子はよく食べたけれど……今はスナック菓子も食べたいとは思わない。

「おい、これもおすそ分けだぞ」

と、今度は司命の眷属が桃を持って来てくれた。

「ありがとうございます！」

俺もチビ太も桃にかぶりつく。うまい！　なんてうまいのだろう果物は。俺は果物も好きではなかったのに、ここに来てからはうまくて仕方ないと思うくらい好きになった。

「仏にお供え物をしてくれる人間がいるのは、ありがたいことですねぇ。ありがたや、ありがたや」

「チビ太、お前さ～、幼稚園児なんだから、そのジジむさい口調はやめろよ」

「幼稚園児って……」

と何かを言おうとしたチビ太だったが、桃と一緒にその言葉を飲み込んでいた。さすが、仏の修行中の身だな、言わなくていいことは口に出さない。

「地上で、閻魔様にお供え物をしている人は、お供え物がこうして閻魔王庁で分けられているって、知らないでしょうね～」

「そうだろうなぁ。みんなで感謝して食べてるんだぜ、って教えてやりたいよな」

「お礼、言いたいですもんね」

「なぁ？　チビ太？」

「はい」

「これって閻魔様だけなの？　お供え物が届くの」

「違いますよ。どの仏様にも届きます」

「で？」

「質問はちゃんと文章にしましょうね、コウスケさん。一文字だけで質問をするのは失礼ですよ。どの仏様も、下で働く修行中の者や眷属に分け与えて皆さんで食べていますよ」

「ふ〜ん、じゃ、形式的なものじゃないんだな、お供え物って」

「はい。神様の世界でもそうらしいです。眷属と修行中の者に分けているそうです」

「仏界も神界も、神仏や眷属、修行中の存在は、空腹にはならないから、基本何も食べる必要はないけど……でも美味しい物を食べると息抜きになるよな。修行も仕事もちょっと休憩、ってできるし」

「ホッとしますね。もっとこう優しくなれると言いますか……。どうしてでしょうね？　お供えをした人のピュアな信仰心が詰まっているからかもしれませんね」

「そうだなぁ、癒されるな〜。ありがたいよなぁ」

と、俺は思わず合掌して頭を下げていた。

「コウスケさん、いいですね、拝まれるほうの僕たちが合掌して感謝するって」

そう言いながらチビ太も合掌して、ごちそうさまでした、とお供えをしてくれた信者にお礼を言っていた。

忠之の場合　〜殺人〜

次の被告人は高齢の男性だった。85歳くらいだろうか。忠之《ただゆき》と呼ぶことにしよう。

忠之はどう見てもここに来る人間ではない。明らかに高い霊格で、もうすぐ人間の転生を終了するのではないか……と思える位置にいる。性格も穏やかだし、善行もたくさん積んでいる。どうしてここに来たのか？　と、ミスを疑ってしまうほど、その場にいることが不自然だった。

閻魔様の前に連れて行くと、閻魔様も目を丸くして驚く。

「お前は……とうの昔に地獄を卒業したはずだ。なぜここに……？」

しかし、司命が読み上げた罪状は……殺人だった。

法廷内がざわつく。5人の補佐官もその眷属も司命も司録もみんな忠之を知っているらしい。忠之は静かに目をつぶっていて、その姿は潔く覚悟を決めているように見えた。何か特別な事情があったのだろうか……と誰もが思った。金銭目的や、抑えられない怒りで殺人を犯す霊格ではないからだ。とりあえず状況を見てみよう。

忠之は大学を卒業して機械メーカーに就職している。29歳で結婚。ひとり娘を授かり、郊外に家を購入して、妻子のために頑張って働いた。部長まで出世をした忠之は、定年まで勤め上げた会社を退職すると、その後も少し働いて、それからは悠々自適な毎日を送った。忠之の人生をざっとかいつまんで説明するとこんな感じだ。ごく普通の善良な市民である。

そんな忠之が殺した相手は……彼の妻だった。

忠之と妻は京都で出会った。その時、忠之は25歳、妻は23歳だった。忠之が京都御苑を歩いていたら、前を行く女性が何かを落とした。「落としましたよ」と声をかけたが、少し距離があったせいか、聞こえなかったようで女性は気づかない。女性が落とした物を拾って見ると、それは手書きの地図だった。

大事な物だろうと思った忠之は小走りで女性に追いつき、

「はい、これ。落としましたよ」

と、渡すと女性はにっこり微笑んでお礼を言った。可愛いなぁ、と思ったがそれだけだった。

その日の午後に金閣寺を訪れると、さきほどの女性がまた前を歩いていた。忠之も一人旅だが、どうやら彼女もそうらしい。女性は忠之に気づくと「あら」と照れたように言って、会釈をした。忠之もペコリと頭を下げた。偶然ってあるんだな、と思ったが、その時もそれだけだった。

翌日、嵐山の渡月橋《とげつきょう》でまたしても彼女とばったり会った。さすがに三度目になると、お互い無視もできず、会話を交わした。景色が美しいですねとか、どこから来たのですか、などと話しつつ、そのままお昼をともにし、連絡先を交換して……そこから交際が始まった。

彼女はとても可愛らしい女性だった。ころころとよく笑い、忠之の話を楽しそうに聞いた。一緒にいると癒されるタイプなのだ。さらに、一歩下がって忠之を立てる奥ゆかしさもあり、そのうえ聡明という、非の打ちどころがない女性なのだった。

4年ほど交際をして2人は結婚した。可愛い娘も生まれ、一戸建ての家を買い、幸せを絵に描いたようだと周囲からも羨ましがられた。妻は専業主婦で忠之に尽くし、いつも笑顔で家にいて家庭を守っていた。娘は両親の愛を一身に受けてすくすくと成長した。毎日、家に帰るのが楽しみで仕方ない、そんな家庭だった。

娘が就職をして海外勤務になると、夫婦2人の生活が始まった。一緒に映画を観に行ったり、美術館めぐりをしたり、時にはディナーで贅沢もして、夫婦だけの生活をエンジョイした。いくつになっても仲が良く、2人ともよく笑い、よくしゃべった。

娘は赴任先のアメリカで国際結婚をしたので、年に1回しか会えなくなったが、娘が幸せだったら寂しくても構わない、自分には妻がいるし……と忠之は思っていた。

定年退職をして嘱託で5年ほど働き、それからは妻と2人でのんびりゆったりと暮らした。庭に小さな家庭菜園を作り、パソコンも2人で教室に通って使えるようになった。穏やかに、そして静かに、平和な日々が過ぎていく、そんな理想的な老後だった。

穏やかな日々を壊す病

そんな日々の中で、妻が少しずつ変わっていった。怒りの感情を持っていないのではないか、というくらい温厚な性格だったのに、たまにイライラと忠之に文句を言うようになったのだ。それも、腹が立って仕方がないというふうに、大きな声でののしる。意地悪を言うこともあった。たとえば、パソコンで文章を作っていてうっかり全部消してしまった時に、「偉そうに知ったかぶりをして、あちこちいじるからそうなるのよ。バッカみたい。天罰ね、ザマーミロだわ」と言って忠之を驚かせた。

いつも機嫌が悪く、どうしてこんなにイライラしているのだろう？　どこか体調が悪いのか、それとも年を取って家にこもる日が多くなったからストレスがたまっているのか……と忠之は悩んだ。まさか性格が変わるなんてことはないだろうし、心療内科に連れて行ったほうがいいかもしれない、と思っていると、妻は同じことを繰り返して言うようになった。

あれ？　これはもしかしたら……と思っているうちに、昨日のことを覚えていない、と衝撃の発言をしたりした。それはこんな会話だった。

「昨日、お隣さんが温泉旅行のお土産をくれただろ？　お返しをどうしようか？　家庭菜園の野菜でも持って行くか？」

「はぁ？　昨日？　昨日は誰も来なかったでしょう、何を言ってるの？」

「お隣の奥さんが来て、お前と30分くらい話をしていたじゃないか、旅行の話を……」

「いいえ。昨日は誰も来ていないわ」

「テーブルの上にあるお土産の菓子は……覚えていないのか?」

「あら、本当だわ。何? これ? あなたね? どこで買ってきたの?」

忠之が慌てて病院に連れて行くと、予想どおり妻は認知症を発症していた。

忠之は目の前が真っ暗になった。これからどうなるのか、見当もつかない。その時、忠之はすでに80歳になっていた。

病院からケアマネージャーを紹介されて、介護サービスを受けることにしたが、他人が家の中に入り込むことを妻が嫌うため、ヘルパーは断った。デイサービスだけ週に2回ほどお願いすることにした。デイに行けばいろんな人と会話を交わすし、歌を歌ったり、ゲームをしたり、体操をしたりする。妻にとって良い刺激になれば、と思ったのである。

4〜5回ほど通ったある日のこと、妻は「行きたくない」とうつむいて言った。理由を聞いても話さない。意地悪をされたのか? 嫌いな人がいるのか? と忠之が問うが答えは返ってこない。本人が嫌がるのでデイサービスもやめてしまった。

ケアマネージャーは、「ショートステイに奥さんをたまにお泊まりさせて、忠之さんが休まないと、忠之さんのほうが倒れてしまいますよ」と心配してくれたが、嫌がる妻をそんなところに行かせるのはしのびない。困るような状況になったら、また利用するということで、介護サービスはすべて断った。

しかし、妻の認知症はどんどん悪化していく。

次第に忠之のこともわからなくなり、「どなた？」と聞くこともあった。もちろん家事などはできないから忠之がすべてやる。掃除、洗濯、食事の用意、買い物……。

妻は排泄のコントロールができないほど進行しているので、リハパンと呼ばれる紙パンツを利用している。本人は汚れていてもわからないため、その処理も忠之がしなくてはいけない。妻はお風呂にも一人で入れないから、忠之が入れてやる。

一日が終わる頃には、ヘトヘトに疲れきっていた。それでも睡眠が取れれば、なんとか頑張れるのだが、妻は夜も動き回る。たまに外へ出て行こうとするので、目が離せない。熟睡など二度とできない状況なのである。

忠之は心身ともに限界だった。だが、可愛い娘に迷惑はかけられない。娘も遠い異国の地で頑張っているのだ。相談をすれば余計な心配をかける。娘を悲しませたり、悩ませることだけはしてはいけない、と忠之は思っていた。

一生懸命に食事を作っても、妻は「何よ、これ！　まずくて食べられないわ！」と口からペッと床に吐き出したりした。そしてまた一口食べて噛んで、ペッと床に出す、これを繰り返すのだ。

妻は病気なのだから……と思っても、汚れた床を掃除するのはしんどかった。口から出す時にうまく出せないから、妻の服も汚れている。忠之は妻を着替えさせ、それから床を掃除した。掃除が終われば、また洗濯をしなくてはならない。

這いつくばって掃除をしているとふいに涙がこぼれた。あの可愛くて優しかった妻はどこへ行ったのか……忠之は涙を拭った。

2人で笑い合って過ごした日々が脳裏によみがえる。笑顔が素敵な女性だった。心のあたたかい女性だった。今、ここにいる妻は自分が愛した妻ではない……。

会社で嫌なことがあって落ち込んだ日は、ただ黙ってそばにいてくれた。一時の感情で、会社を辞めると言っても、文句を言うどころか「あなたの心のほうが大事だから」と言ってくれた。「私、まだ十分働けるし、3人で楽しく生きていきたいから賛成よ」と、手を握ってくれた。妻に苦労をさせたくない、と思った忠之は会社を辞めず、歯を食いしばって頑張ったのだった。そんな愛に満ちた日々が思い出される。

床掃除が済んで洗濯機を回していると、妻がそわそわしている。見ると、パジャマのズボンを勝手にはいていた。たまにだが、妻は汚れたリハパンが気になる時があるようだ。ああ、自分で脱いだな、と思うと忠之は底なしの絶望感に襲われた。なぜなら、妻は脱いだリハパンを隠すからだ。

忠之はノロノロと寝室へ行き、タンスを一つずつ開けていく。ブラウスなどを入れているところにコップが隠されていたので、それを取る。パジャマが入っている引き出しは中がぐちゃぐちゃになっていたが、今はそんなことはどうでもいいと無視をした。

忠之の下着が入っている引き出しに、便がついたリハパンが押し込まれていた。このようなことをされると、そこに入れてある忠之の下着もすべて洗濯をし直さなければいけない。妻の手にも便がついているに違いない。洗ってやらねば、と思う。

あ！　と、そこで忠之は思った。パジャマをはいていたからうっかりしていたが、妻は自分でリハパンをはくことができない。下着をはいていない、と気づいたのだ。これ以上、家を汚されてはかなわないので慌ててリハパンを持って妻のところへ行く。

「これをはこうね」

いつもなら「うん」と素直に従うのに、この日の妻はなぜか攻撃的だった。

「さわらないで！」

「パンツをはいていないと漏らしちゃうから」

「さわらないでって言ってるでしょ！」

妻は忠之の手を思いっきりはたいた。さらに、

「あっちへ行けーっ！」

と大声で怒鳴り、そばにあった物を投げつけてくる。投げてはいけないものがわからないので、置き時計なんかも投げそうだった。ガラスが割れたら、また掃除が大変である。

心神耗弱《しんしんこうじゃく》状態にあった忠之は、もうどうでもいいや、と思った。高齢の忠之には過酷すぎる日々なのだ。睡眠が足りていないから頭が常にボ〜ッとしている。

忠之はソファに身を沈めると目をつぶった。どうしてこうなったのだろう……なぜこのような試練を与えられているのだろう……俺は何か悪いことをしたのだろうか……考えても考えても答えは出なかった。

忠之はしばらくぼんやりしていたが、洗濯をしなくては臭くてかなわないので、立ち上がった。ああ、そうだ、妻にリハパンをはかせてやらなければ……と、忠之は重たい体を引きずって妻を探した。

妻はキッチンで排便していた。さらに、汚いということがわからないし、便がなんなのか

それすらも理解できないため……握って床になすりつけていたのである。

その姿を見て……忠之は泣いた。

子どものように声を出して、うわーん、うわーんと泣いた。泣いても泣いても悲しくてつらくて心の持って行き場がない。誰か、助けてくれ！　とも思うし、妻が不憫でもあった。

地図を落としましたよ、と言って振り返った妻の、あの顔は一生忘れない。それくらい可愛らしく輝いていた。プロポーズをした時の嬉しそうな顔、娘を授かったとわかった時の嬉し泣きの笑顔、娘が生まれて名前を2人であれこれ考えた至福の時……。

いつも忠之のそばにいて、元気づけ、癒しを与え、一緒に笑ってくれた妻。忠之を一途に愛してくれた、世界一愛らしい大事な妻……。

その妻はもういないのだった。目の前にいる人間は妻ではない。忠之は自分がもう長くないことを知っていた。自分が死んだら妻はどうなるのか、娘に迷惑がかかるのではないか、この思いを娘にさせるのはあまりにも残酷だ、妻も娘に迷惑をかけたくないはず……。

気がついたら忠之は警察に電話をしていた。「妻を殺しました」と。

閻魔様の心の内

なんとも悲しいストーリーだった。法廷はシーンと静まり返っている。みんな忠之の気持ちが痛いほどわかるからだ。しかし、罪は罪である。閻魔様が口を開いた。

「なぜ、殺したのか……」

「これ以上は、無理だと思いました。どんどん壊れていく妻がかわいそうだったし、自分も……限界でした」

「殺してはいけない、と良心のブレーキがかからなかったのか」

「かかりました。いけない、と強く思いましたが、心の声は無視しました」

「どうして」

「妻を楽にしてやりたかったのと、自分も楽になりたかったからです」

「殺された者が楽になるか？」

「いいえ、なりません……殺される時の感情次第で苦しむこともあります」

「そうだ、お前はそれを過去の人生で学んで知っている。それなのに手をかけたということは、お前が楽になりたいというエゴが動機だろう？」

「そうかもしれません」

「自分が楽になりたいから人を犠牲にする……それは霊格が低い者のすることだ」

「しかし……妻はもう人間ではなくなっていて、私も体力的にも精神的にも限界を超えていました」

「他に道はあったはずだ」

「ありました。ケアマネージャーに連絡をするなり、しかるべきところに相談に行けば2人とも救われていたと思います」

「…………」

閻魔様がふいに口を閉ざした。顔を見られまいとうつむいている。うつむいて……泣いているのだ。あの閻魔様が……格の高い仏が、大粒の涙をポロポロ、ポロポロとこぼしている。

「なぜ、お前ほどの霊格の者が……殺してはいかんとわからなかったのか……なぜ、思いとどまることができなかったのか……」

魂の旅は長い。俺もチビ太も130回を超えている。1回目の人生から始まって、何度も生まれ変わりたくさんの経験をする。霊格は少しずつしか上がらないからだ。5〜6回の人生で高い霊格に上がる近道などないのである。

つらいこと、苦しいこと、悲しいことなど、避けて通りたいことを数えきれないくらい経験して、忠之は今の霊格にまで上ってきた。コツコツと小さな善行を何代にもわたって重ね、天に貯金もしてきた。

閻魔様は何千年もかかって続けてきた、その努力をつぶさに見て知っているのである。

今回、忠之が犯したことは霊格を一気に下げてしまう。閻魔様はそれがどうしようもなく悲しく、やるせないのだった。

霊格が低い者がわからないのは仕方がない。だから大声で叱るし、怒鳴る。しかし霊格が高い者はわかっていて罪を犯すのだから、裁くほうは何倍もつらくて切ない思いをする。

閻魔様の涙を見た忠之は申し訳なさそうにしていたが、それでも、殺した妻は以前の妻ではないし、人間として機能していなかったのだから、早めに終わらせてあげて良かったのではないか、と考えていた。妻もあの姿で生きるのは嫌だったはずだ、と。

閻魔様はモニターを持って来させ、

「忠之よ、真実をその目で見なさい」

と、ひとことだけ言った。

王

人間には見えない真実の世界

映像は妻の認知症が進行したあたりから始まった。当時の日々が映し出される。忠之は再体験することが苦痛なようで顔をしかめていたが、目はそらさなかった。

それは妻が、自分自身をわからなくなった頃に始まった。

魂が体を抜けるのだ。時々、体から出て、肉体のそばに立っているのである。脳が自分という心を認識できなくなると、肉体は肉体でしかなくなる。そうなると魂は肉体と分離するのだった。

認知症が進行していても、時たま普通の意識に戻ることがある。脳がうまく心を認識しているわけで、そのような時は魂と肉体は分離していない。

魂が横に立っている状態の、つまり、肉体だけの妻は、うまく機能していない脳を使ってしゃべったり、行動をする。忠之に向かって、「あっち へ行け！　バカやろう！」と大声で叫ぶこともあった。

しかし、横に立っている魂の妻は、忠之に手を合わせて謝っていた。ごめんね、忠之さん、ごめんね、と。そのような状態になった妻の魂もつらいのだった。

食べ物を床に吐き捨てている時も、魂の妻は、聞こえないと知りつつ必死で謝っていた。

「忠之さん、つらいね。悲しいね。ごめんなさい。本当にごめんなさい。許してね」

魂の妻は、膝をついて拭き掃除をしている、年老いたゴツゴツの忠之の手や、丸くなった背中を優しくさすりながら涙を流していた。口から出したもので汚れた服を着替えさせているその横でも、

「夕方のお風呂まで放っておいても構わないのに……ありがとう。清潔にしてくれてありがとう」と、感謝をしていた。魂の妻はすべてを理解していて、こうして見えないながらも、忠之を励まし、感謝をし、謝罪しているのだった。

忠之が声をあげて大泣きしている時は、横で魂の妻も一緒に泣いていた。突っ伏して泣いている忠之の背中を、一所懸命に撫でている。ごめんなさいを繰り返しながら……。

これから罪を犯すであろうことを予測した妻は、自分が殺されることは平気だが、愛する夫が罪を犯すことを止めなければ！　と思った。が、しかし、肉体の脳が心を認識できないので、肉体が使えない。止めようがないのだった。

魂の妻は忠之に寄り添い、涙でくしゃくしゃになっている忠之の顔を撫でた。

親が幼い子どもにするように、優しくゆっくりと、あふれる愛おしい気持ちを手に込めて、

そっと撫で続けた。そして最後に言った。

「忠之さん、ありがとう」


モニターを見終えた忠之はその場で号泣した。

認知症になっても妻は昔の妻だったのだ。肉体の脳が機能しなくなっただけで、あの優しい妻はいつもそばにいたのである。

日々の現実は厳しかったが、心の目で見れば、魂の妻を感知できていたかもしれない。

「お前はこのことをすでに学んでいたはずだ」

閻魔様の言葉で、そうだった、と忠之は思い出した。

いくつか前の人生で忠之は重度知的障害者として生まれたことがあった。難しい人生にチャレンジした転生だった。

その人生では、脳が機能していなくても、自分という存在は別にあることを知った。

魂の自分は、落ち込んだり悲しんでいる親に声をかけ、親の背中を撫でながら慰め励ましていたのだ。ありがとうもたくさん言い、ごめんなさいもたくさん言った。

ああ、そうだった、しっかり考えていれば魂の妻に気づいていたかもしれない、と忠之は思った。

「曇った目で見るから真実を見失う」

閻魔様の言葉が忠之に染み込んでいく。

妻がもう人間ではないから、と決めつけていたが……殺したのは自分の都合だった、自分のエゴだった、と忠之はしんから罪を悔いた。

「今、この世界に戻ってきて、思い出せることがあるだろう？」

「思い出せること……ですか？　あ！」

忠之は生まれる前のことを鮮明に思い出した。

生まれる前に、人は人生の大まかな計画を立てる。大きな出来事だけを決める人もいれば、ある程度細かい出来事まできっちり決める人もいる。まったくの白紙、という人もいて、そこは自由になっている。

誕生から死ぬまで守護霊として守ってくれる高級霊と、一緒に計画を練るのだが、ソウルメイトと相談することもある。どこで出会うか、いつ出会うかなどを打ち合わせしておくのだ。忠之は妻と、京都で会おうと約束したのだった。そして、その先の人生を一緒に歩もう、と。

その時に、妻が言った。

「人生の最後に大きな勉強をしたいの」

忠之は知的障害者として生まれた経験があり、そこでとても大きな勉強をした。人に世話をしてもらわなければ生きられない状態は〝魂が〟常に周囲に感謝をすることになる。それも深い感謝だ。申し訳ないと思い、周囲の人をいたわる気持ちも常時持つこととなる。世話をしてくれる親を純粋に愛し、魂に湧く感情は尊いもので埋め尽くされる。それは魂にとって大きな学びになるのである。

だが、妻にはまだその経験がなかった。だから人間界を去る時に、大きな学びを得て戻りたいと言うのだ。

「どういう状況にするの？　ガンで死ぬことにする？」

「そうねぇ……でも、高齢だったらガンになってもあきらめちゃうわよね……認知症をやってみようかしら」

「いいよ。僕がサポートしよう」

「迷惑をかけてしまうけど大丈夫？　でもあなたにしか頼めないの……こんなつらい役目」

「僕にとっても学びになるからね、いいよ。頑張るよ」

「ありがとう！」

忠之は生まれる前に承諾していたのだった。

あまりにも介護が過酷だったせいもあるが、嫌がる妻に介護サービスを受けさせたくないという優しさが、かえってアダとなった。

もっとちゃんと考えていれば、違う道があったはずだ、と忠之は心の底から自分が犯した罪を悔いた。悔いても悔いても、してしまったことは取り返しがつかない。

忠之は妻に心から詫びた。サポートすると約束をしておきながら、裏切ったからである。裏切った自分が許せない。いろいろな感情が忠之を襲い、忠之はこのまま消えてなくなってしまいたい、と本気で思った。深く深く反省をした。

それは心の浄化でもあった。

閻魔様は忠之に真実を見せることで、曇っている心を自分で浄化させたのだ。せっかく苦労して高い位置にまで来た魂である。なんとか落ちないようにしてやりたい、救いたいと閻魔様は考えていた。第1地獄へ行け、とひとこと言えば終わりなのに、それで済ませない慈悲深い仏なのである。

「閻魔様、私は、今やっと、自分が犯した罪の大きさ、身勝手さを知りました。そして、閻魔様をはじめ、ここにいらっしゃる仏様方が、人間を正しく導くことにどれほど尽力されているかも知りました。私は罪を犯したことで、妻を裏切り、自分を裏切り、そして長い時間をかけて指導して下さった仏様方も裏切りました。申し訳ございませんでした。罪を犯して霊格が落ちますから、霊格が違う妻とはしばらく会えません。でも、努力を重ねてもとの位置まで上がります。いつかまた、あの笑顔の妻に会いたいです！」

閻魔様は静かに微笑みながらうなずいていた。

「ワシはもう二度とお前の顔は見たくない。お前とは……未来永劫、会いとうない」

忠之はその言葉を聞いて、涙を流した。

「ここへはもう……二度と来ません」

仏を目指して

「なぁ、チビ太、閻魔様って素晴らしいよなぁ」

「はい！　僕、心から尊敬しています。閻魔様の下で働くことができて幸せです」

「忠之の判決を聞いた時、俺、我慢できずにこっそり泣いちゃったよ」

「知ってます。コウスケさん、派手に鼻をズビズビ言わせてましたから」

「え？　そうだった？」

「はい。ズビビー、ズビビー、って法廷中に響き渡る音を出して、鼻をすってました」

「うへぇ、マジかよ……。だって、判決が、第150地獄だぜ？　殺人で、だぜ？」

「忠之も大号泣してましたね。僕も感動して泣きました。司録さんもフガフガ言って泣いてましたよ、あの方、歯がないから……」

「お前、感動して泣いてたわりには、よく観察してるな」

「忠之は一人でも正しく反省をする、もう二度と罪を犯さないだろう、と閻魔様は判断したのでしょうね」

「うん。忠之を信じたんだと思う」

「閻魔様って本当に慈愛に満ちた、サイコーの仏様ですよね」


このようにして、俺とチビ太は仏の修行を日々頑張っている。

裁判によっては感動したり、同情したり、悲しい時もあれば、腹が立つ時もある。しかし、どのケースも勉強になる。時折、届くお供え物を楽しみに、俺たちは仏になるべく努力を続ける。

なぜって、人間は素晴らしいから。磨けば磨くほど光り輝く。そんな人間をサポートしたいと心から思っている。暗い世界に落ちないように、道をはずれないように、そして孤独にならないように、仏になって寄り添い導きたいと思う。

「あー、俺、俄然、やる気が出てきたぞー！」

「コウスケさん、こないだも一字一句違わないセリフを言ってましたね。それってコウスケさんの決め台詞《ぜりふ》なんですか？　あ、それともボキャブラリーが貧困……ゴホンゴホン」

「お前さ、幼稚園児のくせにいつもひとこと多いよな」

「幼稚園児だから許されると思うんですよ、ホラ、僕、可愛いし」

ペチ、とコウスケがチビ太をはたくと、司仙が楽しそうに笑った。

「よし、次の被告人を連れて来い」

「はい！」

ハモって返事をした俺とチビ太は、張り切って控え室へと走って行ったのだった。

桜井識子　さくらい　しきこ

神仏研究家、文筆家。

霊能者の祖母・審神者の祖父の影響で霊や神仏と深く関わって育つ。1,000社以上の神社仏閣を参拝して得た、神様仏様世界の真理、神社仏閣参拝の恩恵などを広く伝えている。神仏を感知する方法、ご縁・ご加護のもらい方、人生を好転させるアドバイス等を書籍やブログを通して発信中。

『新装版ひっそりとスピリチュアルしています』『神さまと繋がる神社仏閣めぐり』『"識子流"ごりやく参拝マナー手帖』（ハート出版）『神様、福運を招くコツはありますか？』（幻冬舎）『「神様アンテナ」を磨く方法』(KADOKAWA)『京都でひっそりスピリチュアル』(宝島社)など著書多数。

「桜井識子オフィシャルブログ～さくら識日記～」
https://ameblo.jp/holypurewhite/

イラスト：**太田裕子**　おおた　ひろこ

創形美術学校卒業。荒井良二絵本塾受講。

明るいものから渋いものまで幅広いジャンルの作品を描いています。

イラストレーターズ通信会員。

神仏のなみだ

平成29年10月22日　第1刷発行
令和 3 年 8 月12日　第6刷発行

著　者　桜井識子
発行者　日髙裕明
発行所　ハート出版
〒171-0014 東京都豊島区池袋3-9-23
TEL03-3590-6077　FAX03-3590-6078

ISBN978-4-8024-0044-2　C0011

印刷・製本/中央精版印刷　編集担当/日髙　佐々木